3日でわかる法律入門

はじめての
国際法

第4版

尾崎哲夫 著

JN014080

自由国民社

はじめに──法律をみんなのものに

❖私たちと法律

「法律は難しい」というイメージがあります。

また「法律は専門的なことで，普通の人の普通の生活には関係ないや」と思う人も多いことでしょう。

しかし，国民として毎日の生活を送るかぎり，いやおうなしにその国の「法律」というルールの中で生きているはずです。

クルマに乗れば，道路交通法に従わなければなりません。

商取引は当然，商法などの法律の規制の下にあります。

私達はいわば法の網の目の中で，日々の生活を過ごしているわけです。

法律の基本的な知識を持たずに生活していくことは，羅針盤抜きで航海するようなものです。

❖判断力のある知恵者になるために

法律を学ぶことには，もう一つ大きな効用があります。

法律を学ぶと，人生において最も大切な判断力が養われます。

ともすればトラブルを起こしがちな人間社会の生活関係において，そこに生じた争いごとを合理的に解決していく判断力を養うことができます。

たとえば，学生が学校の銅像を傷つけたとします。

判断力のない小学生の場合，次のような反応をします。

「えらいことをしてしまった。叱られるかな，弁償かな」

でも法学部の学生なら，次のような判断ができるはずです。

「刑法的には，故意にやったのなら器物損壊罪が成立する」

「民法的には，故意／過失があれば不法行為が成立する。大学は学生に対して損害賠償請求権を持つ」

このように判断した後ならば，次のような常識的判断も軽視できません。

「簡単に修理できそうだから，問題にならないだろう。素直に謝って始末書を出せば平気かな，わざとやったわけではないし」

❖国際法とは

国際法は，国際公法と国際私法にわけることができます。

国際公法は，国と国の間のルールに関する法律です。戦争などの紛争を防ぎ，国際的協力体制を整え，世界が円滑に発展するための，国際的規範です。

一方，国際私法は，本書の中でも説明したように，国際的な私人間のルールを定め，どのルールを適用するかを決める法規範です。

従来，日本の大学では，この二つを別々に扱ってきました。テキストも，やはり別々に出版されてきました。

本書では，この二つを一冊にまとめ上げ，読者がこの二つを比較しながら一冊で勉強できるよう工夫しました。

また，特に難解と言われる国際公法と国際私法をできるだけやさしく説明するよう工夫しました。日本で一番読みやすい国際公法と国際私法の本を志しました。

❖誰でもわかる法律の本を

ところが従来の法律の本は，国際法にかぎらず専門的すぎて

わかりづらいものがほとんどでした。法律はやさしいものではないのだから，読者が努力して理解するものだ，という発想があったことは否定できないと思います。

　かなり優秀な法学部の学生や基礎的知識のある社会人などを対象として，筆者が思うままに書き進めるパターンが支配的だったように思われます。

　しかし法律をみんなのものにするためには，理解しようとする人なら誰でもわかる本を書いていかなければならないと思います。

　失礼な表現かも知れませんが，**平均以上の高校生が理解できるように書き進めました**。高等学校の公民＝政治経済の授業で平均以上のやる気のある高校生に対して，黒板で説明していくつもりで書いていきました。

　一人でも多くの方がこの本をきっかけに法律に親しみ，判断力を養い，法律を好きになっていただければ，望外の幸せであります。

　自由国民社はできるだけわかりやすい法律の本を，安く提供することに努力を傾けてきた出版社です。自由国民社のこのシリーズが長く愛読されることを願ってやみません。

　令和2年8月吉日

尾崎哲夫

〈付記〉

　編集担当者として努力を惜しまれなかった自由国民社の竹内尚志編集長に心から御礼を申し上げます。

Acknowledgements

My thanks go first to my editor, Takashi Takeuchi who has worked tirelessly and patiently with me, and kept me go through his endless encouragement.

Many thanks also to,

Bernhard Wagner

David S. Walker

Fengduo Hu, Feng Yunhui Hu

Garry Moore, Vedrana Moore

Herdis Engels

Ian Fleming, Joelle Fleming

Michael Keir, Kellie Keir

Miss. Michele Rich, and the people working at the St. Joseph's School

Russell Lovell

Steve Melville

Sylvia Wagner

William Hennan

Wolfgang Fischer

People working at Tobruk Pool

And of course I'd like to thank Yutaka Takashima, Hiroyuki Nishiguchi, Masato Hakushi, Toshiaki Hasegawa, Kazuo Makino, Kazuhito Masui, Yaichi Mikura whose contribution has been much appreciated.

Finally, thanks to Saya & Tommy for their support & help at every stage.

(1)『国際法』中谷和弘ほか著（有斐閣アルマ）

(2)『国際法』松井芳郎ほか著（有斐閣Sシリーズ）

(3)『国際私法』櫻田嘉章著（有斐閣Sシリーズ）

(4)『国際私法入門』澤木敬郎・道垣内正人著（有斐閣双書）

(5)『国際関係私法入門』松岡博編（有斐閣）

(6)『基本国際法』杉原高嶺著（有斐閣）

(7)『国際私法（LEGAL　QUEST）』中西康ほか著（有斐閣）

(8)『プレップ国際私法』神前禎著（弘文堂）

(9)『国際条約集』岩沢雄司編（有斐閣）

(10)『法律英語用語辞典』尾崎哲夫著（自由国民社）

もくじ

本文デザイン——中山銀士

●0●
「国際法」とは何か
❖国際法とは

国際法とは何でしょうか？ 「国際」に関する法だ，ということは皆さんも想像がつくのではないかと思います。では，「国際」って何でしょう？ 地球上の誰を，そしてどの部分を規制するルールなんでしょう？ 何だか漠然としていますね。

国際法という広大な世界に出発する前に，まずはその大枠に触れてみましょう。

1. 国際法は「国の間の法」

「際」とは，「ふれ合う」という意味です。だから，国際法とは「国がふれ合う法」というわけですね。そういう意味で，「国内法」つまり，「国の中の法」とは違うことが想像できますね。

国際法は，国家・その他の国際社会の主体間のつながりを定める法規範の総体であり，国際社会における法律です。対して，国内法は，「国家」と「人」もしくは「人」と「人」の間のつながりを規律する法規範の総体であり，国内社会における法律です。

2. 国際法は「国際公法」

国際法とは，通常「公法」を意味します。「国際公法」は，領域画定や国際紛争など「国」と「国」とのつながりを定めたルールです。

対して，外国人との結婚や外国の会社と契約をかわした場合など，2国以上の司法権をまたがる「私人」の法的問題を定めるルールも必要です。これを「国際私法」といいます。国際公法と国際私法ではその対象となる主体が違うのです。

まずは，国際私法について見ていくことにしましょう。

●1●
国際私法とは何か

Aさんは日本人の男性，Bさんは中国人の女性です。2人は，留学先のアメリカの大学で知り合って交際するようになり，結婚すること

を決めました。この場合，AさんとBさんとは，どの国の法律にしたがって結婚の手続をとればよいのでしょうか。

C社は日本で家具を製造・販売している会社ですが，家具の原料になる木材を，カナダのD社から購入しようと考えています。この場合，どの国の法律にしたがって売買がなされるのでしょうか。

日本人が日本人と日本で結婚する場合や，日本の会社が日本の会社と日本で取引をする場合には，日本の法律にしたがえばよいことは明らかです。

しかし，人や物が世界規模で行き交う現在，国際結婚や異なる国の企業間での取引は珍しいことではなくなっています。これらの場合，いったいどのように処理すればよいのでしょうか。

もちろん，世界各国の法律がすべて同じ内容であればどの国の法律にしたがっても結論は同じになりますから，あまり問題は生じないことになります。

しかし，実際には各国の法律は多かれ少なかれ，異なる部分が存在します。たとえば婚姻について，日本の民法では一夫一婦制度を採用していますが，アラブの多くの国の法律では一夫多妻制度が採用されています。このように各国の法律は内容が異なるため，どのように処理すればよいのかが問題になるのです。

国際私法は，このような国際的な民事上の法律関係をどのように処理するのか，という問題を解決するための法律なのです。

❖問題の解決方法

1. 統一法

ところで，国際間の法律関係をどのように処理すればよいのかという問題については，各国の法律の内容を全部同じにしてしまう，あるいは国内でだけ適用される法律と国際間で適用される法律とを分け，各国の国際間で適用される法律の内容を全部同じにしてしまう，という解決方法も考えられます。前者を「世界法型統一法」，後者を「万民法型統一法」などと呼び，両者をあわせて「統一法」と呼びます。

「世界法型統一法」の代表例としては，「為替手形及約束手形ニ関シ統一法ヲ制定スル条約」及び「小切手ニ関シ統一法ヲ制定スル条約」，通称「ジュネーヴ手形・小切手統一条約」があります。日本の手形法，小切手法は，この条約を国内法にしたものなのです。

　「万民法型統一法」は，主に海運などの国際運送に関する分野で制定されています。

　これらの統一法は，各国の法律の内容を同じにすることで，国際間の法律関係について，どの国の法律を適用しても同じ結論が出るようにしようという解決方法と言えます。

　しかし，前に述べたように，実際には，各国はそれぞれ違った民族で構成され，異なる歴史，異なる文化をもっています。したがって，将来のことはともかく，少なくとも現在のところは，上に述べたようないくつかの統一法を除いては，各国の法律の内容を同じにすることは難しい状態です。

2．抵触法

　では，現時点で，国際間の法律関係を処理するのに最も適切な解決方法はどのようなものでしょうか。

　現在のところ，それは「その法律関係に，どの国の法律が適用されるのかを明らかにする」という方法だと考えられています。各国の法律の内容が異なることを前提に，どのような場合に，どの国の法律を適用するかをあらかじめ決めておこうという方法です。

　国際私法は，この方法を具体化したもの，つまり「国際間の法律関係について，どの国の法律を適用するかを決める法律」なのです。このように，適用される法律を決める法律のことを「**抵触法**」と呼び，適用される法律のことを「**準拠法**」と呼びます。国際私法とは，「準拠法を指定することで国際間の法律関係を処理する抵触法である」ということになります。

❖日本の国際私法

1．国際私法は国内法

　さて，国際私法が「国際間の法律関係について，どの国の法律を適

用するのかを決める法律」であるとして，その国際私法はどの国が作るのでしょうか。

「どの国の法律を適用するか」も国際的に統一されていることが望ましいと言えますが，統一に向けての努力が続けられながらも，各国がそれぞれ，国際私法を制定しているというのが現状です。つまり，国際私法は国際法ではなく，各国がそれぞれの国で定める国内法の一種であるということになります。

国際私法とは
・国際的な民事上の法律関係をどのように処理するのかという問題を解決するための法律。
・国際間の法律関係について，どの国の法律を適用するかを決める。
・国際私法は国際法ではなく，各国の国内法の一種。

2．法例と通則法

それでは，日本では国際私法はどのように定められているのでしょうか。

日本で法典として定められた国際私法は，1890年に制定された「法例（旧法例)」が最初です。もっとも，この法例は結局，施行されませんでした。

次に制定されたのは，1898年に制定された「法例」です。この法例は，何度か改正されながら，最近まで施行されていました。しかし，この「法例」は，カナ文字文語体で，内容的にも現在の国際環境の変化に対応できているとは言い難いものでした。

そこで，2006年6月21日，新たに「**法の適用に関する通則法**」(以下，「通則法」と呼びます。）が制定され，2007年1月1日から施行されています。この通則法が現在，日本における国際私法の中心的なものということになります。

●2● 広い意味での国際私法

　これまで，国際私法とは，国際間のある法律関係を処理するための法律であると説明してきました。

　しかし，その法律関係について争いが起こった場合に備えて，その争いを解決するための手続も法律で決める必要があります。何らかの争いを法的に解決するということは，解決の基準が法律であることはもちろん，解決するための手続も法律で定められていることも意味するのです。

　このように，国際的な法律関係についての争いを解決するための手続を定めた法律を，**国際民事手続法**と呼びます。広い意味で「国際私法」という場合には，これまでに説明してきた意味での国際私法に加え，この国際民事手続法も含まれます。これからは，単に「国際私法」というときは，これまでに説明してきた意味での国際私法を指し，「広い意味での国際私法」というときには，国際民事手続法も含めた国際私法を指すことにします。

国際私法：国際的な民事上の法律関係に適用する法律を決める。
国際民事手続法：その法律関係について争いを解決する手続を
　　　　　　　　　　定める。

❖国際民事手続法の概略

　国際民事手続法については，第4編でもう少し細かく説明しますが，ここでその概略だけ述べておきましょう。

　まず，国際民事手続法は，国際民事訴訟法がその中心的なものということになりますが，それだけではなく，仲裁や調停といった，裁判外で争いを解決する方法についての法律も含みます。

　そして，国際民事手続法についても，国際私法の場合と同じように，「国際的な法律関係についての争いについて，どの国の手続法を適用して処理するか」が問題になります。この点については伝統的に，

16

「手続は法廷地法による」という原則が広く認められています。これは要するに「国際的な法律関係の争いについて、それを解決するための手続は、その手続が行われる国の法律にしたがって進められる」というものです。したがって、日本でも、特に明文の規定はありませんが、「国際的な法律関係についての争いについて、それを解決する手続が日本で行われる場合には、日本の手続法（民事訴訟法など）を適用する」ということになっています。

[用語チェック]

☐　統一法には，〔①〕と万民法型統一法があり　　①世界法型統一法
ます。手形法，小切手法は，〔①〕の例です。

☐　ある国際的な問題に適用される法律を決める
法律のことを〔②〕といい，適用される法律の　　②抵触法
ことを〔③〕といいます。国際私法は，〔②〕　　③準拠法
です。

☐　日本では最近まで，〔④〕が中心的な国際私　　④法例
法でした。しかし，2007年1月から新しく，　　⑤法の適用に関する通
〔⑤〕が日本の国際私法の中心になっています。　　則法 (通則法)

☐　広い意味で国際私法という場合，〔⑥〕も含　　⑥国際民事手続法
まれます。

☐　〔⑥〕については，「手続は〔⑦〕による」と　　⑦法廷地法
いう原則が広く認められています。

〔○×チェック〕

☐1.　現在，国際間の法律問題を解決する方法と　　1.　国際私法の制定が
しては，統一法の制定が中心となっています。　　中心となっています。
　　　　　　　　　　　　　　　　　　　　　　　⇨P.15×

☐2.　国際私法は，国際間の法律問題に直接適用　　2.　適用される法律を
されるものです。　　　　　　　　　　　　　　指定するものです。⇨

☐3.　国際民事手続法には，国際民事訴訟法のほ　　P.15×
か，仲裁や調停など，裁判外での紛争解決手続　　3.　⇨P.16○
を定めた法律も含まれます。

2時間目
国際私法その2
国際私法総論

● 1 ●
国際私法の基本的な構造
❖国際私法の基本理念

国際私法は，「国際間の法律関係についてどの国の法律を適用するのかを決める法律」です。では「どの国の法律を適用するのか」は，どのような基準で決められるべきなのでしょうか。

国際私法が，適用される法律（準拠法）を決める際の基本的な理念は，以下の2つであると考えられています。

1. 実質法の価値的平等

民法や商法のように，問題になっている法律関係に適用される具体的な内容を定めている法律のことを「実質法」と呼びます。たとえば民法739条は「婚姻をする際には，婚姻の届出が必要である」と定めています。

国際私法は，これらの実質法の中から1つを選び出して準拠法として指定することにより，国際間の法律関係を処理する法律ということになります。そして選び出す際，実質法の中身を検討して選んではならない，という原則があります。これを，「実質法の価値的平等」などと呼びます。

実質法の中身を検討した結果，様々な国の様々な実質法の中から「客観的に優れているものはこれである」という判断ができるのであれば，実質法の中身を検討して準拠法を指定するのが良いのかも知れません。しかし，そのような判断は，少なくとも現時点では，不可能です。たとえば，婚姻制度について考えてみましょう。日本では，夫婦は相互に一人ずつ＝一夫一婦制度が採用されていますが，イスラムでは，一人の夫が複数の妻を持つ＝一夫多妻制度が認められています。これは，日本とイスラム諸国，それぞれの歴史の中ではぐくまれて来た価値観による違いであって，そのどちらが客観的に正しいということはできないでしょう。できない以上，各国それぞれの価値観が反映されている実質法の中身については踏み込まないようにしよう，これが国際私法の基本的な理念なのです。

2. 最密接関連法

このように，実質法の中身には踏み込まないことを前提とすると，どのような基準で準拠法を決定すればよいのでしょうか。

現在のところ，その基準は，問題となっている法律関係に最も密接な関係を持っている場所の実質法を適用することであると考えられています。

この「問題となっている法律関係に最も密接な関係を持っている場所の実質法」のことを，「最密接関連法」だとか「最密接関係地法」などと呼んでいます。

この後，国際私法が準拠法を決定し，適用するプロセスを見ていきます。つまり，最密接関連法，最密接関係地法を決定し，適用するプロセスということになるわけです。

❖4つのプロセス

国際私法が準拠法を決定し，適用するプロセスは，下の図のように，4つに分けることができます。①から③までが準拠法を決定するプロセス，④が決定した準拠法を適用するプロセスということになります。

それでは以下で，各プロセスについて，順番に見ていきましょう。

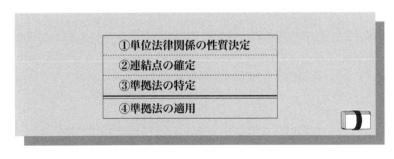

①単位法律関係の性質決定

②連結点の確定

③準拠法の特定

④準拠法の適用

●2●
単位法律関係の性質決定

先ほど述べたように，国際私法は，「最密接関連法＝問題となっている法律関係に最も密接な関係を持っている場所の実質法は何か」という視点から，準拠法を決定していきます。

しかし，具体的に起きる事件一つ一つに合わせて最密接関連法は何かを決めることは，現実的ではありませんし，その事件の当事者は準拠法が何かを事前に知った上で行動することができなくなってしまいます。

そこで，国際私法は，法律関係をいくつかの類型に分け，その類型ごとに準拠法の決定方法をあらかじめ決めておくという手法を採用しています。この類型のことを「単位法律関係」と呼び，問題になっている法律関係がどの単位法律関係に分類されるのかを決定する作業のことを「**性質決定**」と呼びます。国際私法が準拠法を決定し，適用する最初のプロセスが，この性質決定です。

例えば通則法36条では相続人、相続分、相続財産の範囲などの問題を「相続」という単位法律関係で定めています。

❖ 性質決定の基準

1. 国際私法独自説

性質決定の基準については，従来は，法廷地の実質法を基準とするべきであるとする説が，通説とされていました。これは，日本で言えば，通則法の債権の概念と，民法や商法などの実質法の債権の概念を同じものとみなそうという考え方で，法廷地法説と呼ばれます。

しかし，国際私法上の概念は，理論上，世界中の法律関係に対応できるものでなければなりませんから，このような考え方は適切とは言えません。

そこで，国際私法がその法律関係の準拠法として指定した実質法を基準とするべきであるとする説が唱えられました。この説は，準拠法説と呼ばれます。

しかし，性質決定は，準拠法を決定するための最初のプロセスです。つまり，性質決定の段階では準拠法が何かはまだ分からないわけですから，準拠法として指定された実質法を基準にするということは，理論的に矛盾します。

そこで，現在では，国際私法それ自体の概念を基準に，性質決定すべきであるとする説が通説とされています。この説は，国際私法独自説とか，自主決定説などと呼ばれています。

2．比較法説と抵触規則目的説

　このように，国際私法独自説に立ったとして，さらに性質決定の具体的な基準についてどう考えるかについては，大きく分けて2つの説があります。

　まず一つ目は，各国の実質法の中身を比較検討して，その中から共通の法律概念を見つけ出し，その共通概念を基準にすべきであるとする説です。この説は，比較法説と呼ばれていますが，これによれば，国際私法の統一を図ることができます。しかし一方で，はたしてすべての分野で各国の実質法に共通する概念が見つけられるのか疑問である，という批判もあります。

　2つ目は，各国の実質法の中身を（他の国の実質法の中身と比較するのではなく）それ自体で検討して，その趣旨や目的を基準にすべきであるとする説です。この説は，抵触規則目的説などと呼ばれていますが，比較法説よりも実際的であるとの評価があります。しかし一方で，趣旨や目的が何かを客観的に判断することは難しいという批判もなされています。

　このように，比較法説，抵触規則目的説のどちらとも，長所もあれば短所もあります。最近では後者を支持する学者が多いようですが，まだ通説と言えるほどにはなっていません。

❖先決問題と適応問題

　先決問題と呼ばれる問題と，適応問題と呼ばれる問題についても国際私法上の論点を見ておきましょう。

1．先決問題

　法律上の問題は，ある法律関係について単独で生じることもありますが，多くの場合に，他の法律関係を前提に生じます。Xという法律関係がYという法律関係を前提にしている場合，Yという法律関係は，Xという法律関係の先決問題である，と言います。これに対して，Xという法律関係は，本問題である，などと言います。

　たとえば，本書で最初に挙げた例を思い出してみましょう。Aさんは日本人の男性，Bさんは中国人の女性です。2人は，留学先のアメ

リカの大学で知り合って交際するようになり，結婚することを決めました。ここまでが最初に挙げた例でした。

　ここで，さらに話は続いて，結婚した2人の間に，やがてCという子供が生まれたとします。AとBはその後もアメリカで暮らし続けましたが，成人したCは，父親の母国である日本に行き，そこで生活を営むようになりました。その後数十年が経ち，AとBは相次いで亡くなりました。この場合，Cの相続はどこの国の法律に基づいて，どのように行われるのでしょうか。

　この問題を検討するにあたっては，まずその前提として，AとBとの結婚が法律上有効なものであったかを検討する必要があります。つまり，「Cの相続はどのようになされるか」という問題が本問題，「AとBとの結婚は有効か」という問題は，その先決問題になるわけです。

　この先決問題については国際私法上，準拠法をどう定めるべきかが議論されています。この点については，本問題の準拠法をそのまま適用すればよいとする見解（本問題準拠法説），本問題の準拠法を規定している国の国際私法が指定する準拠法を適用すればよいとする説（本問題準拠法所属国国際私法説）などもあります。

　しかし，多数説は，先決問題の準拠法は本問題の準拠法とは別個に考えるべきであるとして，法廷地の国際私法が指定する準拠法を適用すればよいとする考え方です（法廷地国際私法説）。要するに，先決問題の準拠法だからといって，特別に考える必要はないという見解です。判例も，この考え方を採用しています。

先決問題：ある法律関係の前提となる法律関係。先決問題の準拠法は本問題の準拠法とは別個に考える（多数説・判例）。

2．適応問題

　先に述べたように，国際私法は，さまざまな法律関係を「単位法律関係」と呼ばれる類型に分け，単位法律関係ごとに準拠法の決定方法

を決めるという形をとっています。

　ここで，1つの法律問題が1つの単位法律関係の問題にしかならないのであれば，その単位法律関係から導かれる準拠法にしたがって解決することに特に問題は生じません。

　しかし，1つの法律問題が複数の単位法律関係の問題になった場合，一つ一つの単位法律関係が導く複数の準拠法を適用しようとすると矛盾が生じる可能性があります。

　たとえば，夫が死亡して妻がその財産を相続するという場合を考えてみましょう。この場合，妻が受ける財産の分配は，相続の問題であると同時に，夫が死亡したことによる婚姻関係の終了にともなう財産分与の問題でもあります。相続の問題については通則法36条が適用されますが，財産分与については通則法26条が適用されます。その結果，相続の問題についてはX国の法律が準拠法とされ，財産分与の問題についてはY国の法律が準拠法とされる，という可能性もあるわけです。

　そのような場合に，仮にX国の法律では，夫婦のどちらか一方が死亡した場合には，残った者は相続によって10の財産をもらえるが，財産分与の場合には，何ももらえないと決められていたとしましょう。他方，Y国の法律ではまったく逆で，夫婦のどちらか一方が死亡した場合，残った者は何ももらえないけれども，財産分与の場合には10の財産をもらえると決められていたとします。

　この場合，夫に先立たれた妻は，何ももらえないのでしょうか。それとも10の財産はもらえるのでしょうか。あるいは，「良いとこどり」で10＋10＝20の財産をもらえるということになるのでしょうか。

　このように，1つの法律問題が複数の単位法律関係に該当し，そのために，相互に矛盾する準拠法が適用されることになるという場合，どのように処理すればよいかという問題が生じます。「適応問題」あるいは「調整問題」と呼ばれている問題です。

　この問題については，現在のところ，次のような方法で個別具体的に解決していくほかないと考えられています。

①は，単位法律関係の設定の段階で，同一の準拠法が適用されるという解釈をすることで，そもそも適応問題が生じないようにするということです。たとえば上の例で言えば，夫婦間の相続の場合には，財産分与の面が相続の面より重視されるべきであると考えて，財産分与についての通則法26条だけが適用されることにするという解釈がありえます。

●3●
連結点の確定
❖連結点（連結素）

国際私法では，一般に，各単位法律関係を構成する要素のうち最も重要だと考えられる要素を決め，その要素を基準に準拠法を決定するという方法をとっています。この最も重要だと考えられる要素のことを「連結点」または「連結素」と呼びます。

たとえば，通則法17条本文は「不法行為によって生じる債権の成立及び効力は，加害行為の結果が発生した地の法による。」と規定しています。この規定は不法行為（たとえば，自動車事故で人をはねてしまう行為）について，「加害行為の結果が発生した地」が最も重要な要素＝連結点であると考えたわけです。

1．連結点の確定

性質決定のプロセスが終わると，問題となっている法律関係が，どの単位法律関係に属するかが明らかになります。そこで2番目のプロセスとして，その単位法律関係の連結点が何かを明らかにする必要が

あります。連結点が分かれば，それを基準に準拠法が決定されている
わけですから，準拠法がどの法律かが分かるわけです。この，連結点
が何かを明らかにする作業のことを「連結点の確定」をいいます。

2. 連結点概念の解釈

　連結点が，たとえば「動産や不動産の所在地」(通則法13条1項参
照) のような事実上の概念であれば，その内容は明らかと言えます。
しかし，たとえば「被相続人の国籍」(通則法36条参照) のように，
法律上の概念の場合には，その内容については解釈に幅があります。
この場合に，国際私法独自の立場から解釈するのか，それとも適用さ
れるべき準拠法の内容をもとに解釈していくのかという問題が生じま
す。これが「連結点概念の解釈」と呼ばれる問題です。

　この問題については，理論的には準拠法の内容をもとに解釈するこ
とも不可能ではありません。しかし，連結点の確定は準拠法の決定，
適用という国際私法の目的を達成するために欠かせないプロセスです。
やはり国際私法独自の立場から解釈すべきであると考えられます。

❖連結政策

　単位法律関係が連結点を定める方法を「連結政策」と呼びます。と
ころで，1つの単位法律関係が1つの連結点しか定めていない場合に
は，特に問題は起きません。しかし，実際には，1個の連結点だけで
は適切な準拠法を導くのは難しいとの判断から，複数の連結点を定め，
その組み合わせによって準拠法を決定する場合が少なくありません。

　本項では，このように，複数の連結点を定める連結政策について，
概略を見ることにします。

1. 累積的連結

　複数の連結点が導く複数の準拠法の全部が同じ法律効果の発生を認
めるときにだけ，その法律効果の発生が認められる場合があります。
このような連結政策を「累積的連結」と呼んでいます。

　たとえば，不法行為について見てみましょう。フランスを旅行して
いた日本人旅行客Aが，Bに財布をすられたとします。通則法17条

本文は「不法行為によって生ずる債権の成立及び効力は，加害行為の結果が発生した地の法による。」と規定しています。他方，通則法22条1項は「不法行為について外国法によるべき場合において，当該外国法を適用すべき事実が日本法によれば不法とならないときは，当該外国法に基づく損害賠償その他の処分の請求は，することができない。」と規定しています。

　この通則法17条本文と22条1項の両方が適用される結果，AがBに対してスリの被害につき損害賠償請求をしようとした場合，フランス法と日本法の両方で，スリが不法行為であると認められている必要があります。もちろん，フランス法でもスリは不法行為ですが，仮にフランス法ではスリは少なくとも民事上の不法行為には当たらないと規定されていたとすると，今回のケースでは，Aに不法行為に基づく損害賠償請求権の発生は認められないことになってしまうわけです。

2．選択的連結

　累積的連結とは逆に，複数の連結点が導く複数の準拠法のうち，どれか1つが法律効果の発生を認めていれば，その法律効果の発生を認めるという連結政策もあります。この連結政策は「選択的連結」とか「択一的連結」と呼ばれています。

　たとえば，通則法28条1項は「夫婦の一方の本国法で子の出生の当時におけるものにより子が嫡出となるべきときは，その子は，嫡出子とする。」と規定しています。夫がイギリス人，妻が日本人の夫婦に子が生まれた場合，イギリス法か日本の民法のどちらか一方からだけでも，その規定でその子が嫡出子であると認められれば，その子は日本において嫡出子と認められます。

3．配分的連結

　1つの単位法律関係を複数の部分に分けて考え，各部分ごとに連結点を決めて，それぞれの連結点が複数の準拠法を導き，別々に適用するという連結政策もあります。このような連結政策を「配分的連結」と呼んでいます。

　たとえば，通則法24条1項は婚姻の成立要件について「婚姻の成

立は，各当事者につき，その本国法による」としています。夫になろうとする者が日本人，妻になろうとする者が中国人の場合，夫になろうとする者については日本の民法上，婚姻適齢などの婚姻成立要件を満たしていればよく，他方，妻になろうとする者については，中国法上，婚姻成立要件を満たしていればよいことになります。

夫が中国法上も婚姻成立要件を満たしていること，あるいは妻が日本の民法上も婚姻成立要件を満たしていることは必要ではありません。

4．段階的連結

これまで述べてきた3つの連結政策は，どれも複数の連結点から複数の準拠法が指定される場合でした。しかし，複数の連結点から1つの準拠法が指定されるという場合もあります。複数の連結点が導く法律が一致する場合にだけその1つの法律を準拠法とするというケースです。一致しない場合には，新たに他の連結点を複数挙げて，そこから導かれる法律が一致するかを再度検討する，といった形で段階的に準拠法を決めていくことから，「段階的連結」と呼んでいます。

たとえば，通則法25条は，婚姻の効力につき，第1段階では「夫婦の本国法が同一であるときはその法により」としています。そして「その法がない場合」の第2段階として「夫婦の常居所地法が同一であるときはその法により」としています。「常居所」という概念については，次の項で説明します。さらに「そのいずれの法もないとき」には，第3段階として「夫婦に最も密接な関係がある地の法による」こととしています。

複数の連結点を定める連結政策
①累積的連結
②選択的連結
③配分的連結
④段階的連結

　個々の単位法律関係では様々な連結点（連結素）が採用されていますが，なかでも最もよく採用されている連結点として，国籍・常居所・住所があります。

　そこで，多くの単位法律関係に共通する連結点として，国籍・常居所・住所について，その意味や問題点をここでまとめて見ておくことにしましょう。その他の連結点については，3時間目「国際私法各論」で触れることにします。

1．国籍

　国籍とは，個人がある国家の構成員となる資格であって，個人とある国家との法律的な結びつきであるとされています。

　どのような者を自分の国の構成員（国民）として認めるのかは，その国にとって最も基本的で重要な問題です。そのため，従来から，国籍の決定方法は各国がそれぞれ独自に定めるべきであり，他の国がそれに口をさしはさむべきではないと考えられています。日本では日本国憲法10条で「日本国民たる要件は，法律でこれを定める。」と定められていて，これを受けて国籍法が具体的な国籍の決定方法を規定しています。

　さて，このように各国それぞれが自分の国の国籍の決定方法を独自に定めているため，国籍の取得や喪失の要件などについて，各国の法律によってさまざまな違いがあります。その結果，ある者が複数の国籍を持っている状態になってしまうという重国籍の問題や，逆にどの国の国籍も持っていない状態になってしまうという無国籍の問題が生じてきます。以下ではこれらの問題について，国際私法がどのように対処しているかを見ていきましょう。

(1)重国籍

　たとえば，Aさんの出身国Xの法律では「子は父又は母の国籍国の国籍を取得する。」と規定されていたとします。このように，子の血統に注目して国籍を決定する方法を「血統主義」といいます。一方，Bさんの出身国Yの法律では，「子はその子が生まれた国の国籍を取

得する。」と規定されていたとします。このように，子がどこで生まれたかに注目して国籍を決定する方法を「生地主義」といいます。

　ここでAさんとBさんが結婚してZという国で子供Cが生まれたとすると，CはXとZ，YとZの二重国籍，あるいはXとYとZの三重国籍を取得することになります。1人の人間が複数の国籍を持っているこの状態を，重国籍といいます。

　国際私法では，ある者の国籍国の法律（これを「**本国法**」と呼びます）が準拠法とされること＝国籍が連結点とされることが往々にしてありますが，重国籍の場合，どの国の法律がその人の本国法になるのか，という問題が生じます。

　この問題について，通則法は以下のように対処しています。

　まず，複数の国籍の全部が外国籍である重国籍の場合には，当事者が常居所としている国の法律が本国法とされ，そのような国がないときには，当事者と最も密接な関係がある国の法律が本国法とされます（通則法38条1項本文）。

　ただし，日本国籍が含まれている場合には日本の法律が本国法とされます（通則法38条1項ただし書）。

　外国籍をいくつも持っていたとしても、日本国籍を持っている限り日本の法律が本国法になるということです。

(2) 無国籍

　たとえば，AさんとBさんの出身国Xの法律では，「子はその子が生まれた国の国籍を取得する。」と規定されていたとします（生地主義）。一方，Yという国の法律では，「子は父又は母の国籍国の国籍を取得する。」と規定されていたとします（血統主義）。

　そうすると，AさんとBさんが結婚してYで子供Cが生まれた場合，Xの法律ではYの国籍取得しか認めず，一方Yの法律ではXの国籍取得しか認めないということになって，結局Cはどちらの国の国籍も取得できないことになります。このようにどの国の国籍も持っていない状態を無国籍といいます。

　無国籍の場合にも重国籍の場合と同様，どの国の法律がその人の本国法になるのか，という問題が生じます。もっとも重国籍の場合には「複数の国籍国のうちのどの国の法律をその人の本国法とすべきか」

が検討されるのに対し，無国籍の場合には「国籍に代わる連結点を何にするか」が検討されることになります。

無国籍の人について通則法は以下のように対処しています。

原則，その人の常居所のある国の法律が本国法とされます（通則法38条2項本文）。

例外として婚姻の効力（25条），夫婦財産制（26条1項），離婚（27条），親子間の法律関係（32条）については，右の原則は適用されません（38条2項ただし書）。これらの場合には，それぞれの条文にしたがって準拠法が決定されることになります。

2．常居所

常居所も，国籍と並び，連結点として採用されることの多い概念です。「常居所」とはいったいどのような意味の言葉なのでしょうか。

実は「常居所」とは具体的にどのような意味なのかについては，まだ判例もなく，学説もまとまっていない状況にあります。人の能力や親族法上の問題の連結点について，国籍を基準とするべきであるとする本国法主義と，住所を基準にすべきであるとする住所地法主義の対立があるとされています。「常居所」という概念は，この対立を回避するために，ハーグの国際私法会議で考え出された概念です。

しかし，ハーグ国際私法会議では「常居所とは，1つの事実概念であって，万国共通である」とするだけで，具体的な定義を定めているわけではありません。

このように「常居所」の具体的意味については，明確に定まっていません。国際私法独自の観点から，「常居所」が連結点として採用されている場合に，その趣旨に照らして判断していくほかないというのが現状です。

★通則法における「常居所」の採用

通則法には，常居所を連結点として採用した規定が，数多く存在します。たとえば，通則法19条は，名誉又は信用毀損の不法行為については，被害者の常居所地法を準拠法として指定しています。また，25条は，婚姻の効力について，夫婦の本国法が同一でない場合には，

夫婦の常居所地法が同一であればそれによると規定しています。その他にも，11条（消費者契約の特例）や，15条（事務管理又は不当利得の例外規定）などで常居所が連結点として採用されています。

3．住所

　住所とは，人の生活の本拠とされています。もっとも，さらに具体的な意味については，各国で分かれているところです。

　住所を連結点として採用している国は少なくありませんが，わが国では，本国法主義が採用されており，通則法には，住所を連結点として採用した規定はありません。

❖法律の回避

1．法律の回避とは

　船舶原簿というものに登録された，その船の所属港を表す籍のことを「船籍」といいます。いわば船舶の国籍です。この船籍については，パナマやリベリアの船籍を持つ船舶が多いことが世界的に知られています。しかしこのことは，実際にパナマやリベリアに多くの船があることを意味しません。船舶原簿に登録するには通常，登録料が必要になります。パナマやリベリアの法律では，この船舶原簿の登録料が安く設定されています。そこで，たとえば実際には日本近海やインド洋でマグロ漁を行うための船舶であっても，船籍だけはパナマやリベリアのものであるというケースが多いのです。

　このように，当事者が本来適用されてしかるべき法律の適用を免れ，自分に都合のよい他の法律の適用を受けるためわざと連結点を変更することがしばしばあります。これを「法律の回避」と呼びます。法律の回避の例としては，上記の船籍の例の他にも，税金の安い国に形だけ会社の本社を置くケースなども挙げられます。

2．問題点と対処

　「法律の回避」によって，自分に都合のよい法律を選ぶことを自由に許したのでは，「その法律関係に最も密接な関係を有する法律を準拠法として指定する」という，国際私法の基本的な理念が実現できな

くなるおそれがあります。

そこで「法律の回避」への対処が必要になりますが，一番簡潔な方法は「当事者がわざと行った連結点の変更はすべて無効にする」というものでしょう。しかし，「わざと行ったかどうか」は主観的な問題になりますから，その認定は非常に難しいものになってしまいます。

そのため，より現実的な方法として，国の立法政策において，当事者が簡単に変更できないような連結点を採用するべきであるとする見解が有力です。

いずれにしても「法律の回避」への対処は，国際私法が抱えている今後の課題の一つと言えるでしょう。

● 4 ●
準拠法の特定

まず性質決定がなされ，ついで連結点が確定された段階で一応は，その法律関係に適用されるべき準拠法の指定が可能になります。

ところが，この2つのプロセスだけでは具体的に適用される準拠法がまだ特定されないこともあります。たとえばアメリカ合衆国のように，国際法上は一つの国家ですが，その内部の地域（州）ごとに異なった法律が定められている国があります。このような国の法律が準拠法として指定された場合，はたしてどの地域の法律を適用すればよいのでしょうか。

またわが国では，国際法上は北朝鮮（朝鮮民主主義人民共和国）や台湾（中華民国）は国家として承認していないという建前になっています。このように，実際には存在しているものの，国際私法上は未承認である国の法律が準拠法として指定された場合，それを適用してよいのでしょうか。

これらのように，連結点の確定によって一応は準拠法を指定することが可能になった後も，さらに，実際に適用されることになる法律を具体的に特定する必要が生じる場合があります。これが，準拠法の特定と呼ばれるプロセスです。準拠法の特定に当たって問題となる点を見ていきましょう。

❖反致

1. 国際私法の抵触

1時間目で見たように，国際私法は国内法であって，各国ごとに制定されるものと考えられています。そうすると当然，各国の国際私法ごとに内容が異なることになります。その結果，同じ法律関係であっても，どの国の裁判所で訴えが起こされるかによって適用される準拠法が異なり，したがって判決の内容も異なってくるという問題が生じえます。

このような問題のことを「国際私法の抵触」と呼びますが，これには2つの場合があります。

1つは，同じ法律関係について複数の国際私法によって指定される準拠法が，外見上複数生じる場合です。これを「国際私法の積極的抵触」と言います。たとえば，X国の国籍を有するAさんがY国で亡くなったとします。AさんにはBさんとCさんという2人の子供がいました。ここで，X国の国際私法では，相続については，亡くなった人（被相続人）の国籍国の法律（本国法）が準拠法として指定されていたとします。一方，Y国の国際私法では，被相続人が亡くなった国の法律が準拠法として指定されていたとします。

そうすると，BさんとCさんとの間で相続を巡って争いが起きたとき，X国の裁判所で訴えを提起すれば，X国の国際私法に基づき，X国の法律が準拠法として適用されることになります。しかし，Y国の裁判所で訴えが提起されれば，Y国の国際私法に基づき，Y国の法律が準拠法として適用されることになります。この「国際私法の積極的抵触」という問題については，現在のところ，各国の国際私法を統一するよりほか解決策はないと考えられています。

2つめは，同じ法律関係について複数の国際私法によって指定される準拠法が，外見上まったく存在しない場合です。これを「国際私法の消極的抵触」と言います。たとえば，AさんとBさんはともにX国の国籍を有していますが，Y国で結婚しました。ここで婚姻の成立要件について，X国の国際私法では，婚姻がなされた国の法律が準拠法として指定されているとします。一方，Y国の国際私法では，結婚する当事者の本国法が準拠法として指定されているとします。

そうすると，婚姻の成立要件が争われたとき，X国で訴えが起こされれば，X国の国際私法に基づき，Y国の法律が準拠法として適用されることになります。しかし，Y国で訴えが起こされれば，Y国の国際私法に基づき，X国の法律が準拠法として適用されることになります。この「国際私法の消極的抵触」という問題の解決策として考え出されたのが，反致です。

「反致」＝反対送致のこと

2．反致とは

上記のように，反致とは，国際私法の消極的抵触という問題の解決策として考え出されたものです。では反致とは，具体的にはどのようなものなのでしょうか。

反致とは，ある法律関係について訴えが起こされたX国（これを「法廷地」といいます）の国際私法がY国の法律を準拠法と指定しており，一方，同じ法律関係についてY国の国際私法がX国の法律を準拠法として指定している場合には，Y国の国際私法にしたがって，X国の法律を準拠法とすることを認めるものです。簡単に言えば，ある事件について，X国の国際私法に基づいてY国に送致したけれども，Y国の国際私法に基づいて反対にX国に送致し直すということで，実は，反致という言葉も「反対送致」を略したものなのです。

反致という解決策の妥当性については，後述のように議論のあるところですが，通則法は41条で「当事者の本国法によるべき場合において，その国の法に従えば日本法によるべきときは，日本法による。」と規定して，反致を採用しています。

3．その他の反致

単に「反致」と言えば，通常，上で述べたような内容を意味します（狭義の反致）。しかし，その他にも，転致や間接反致など，広い意味で反致（広義の反致）と呼ばれるものもありますので，ここでそれらの類型を見ておくことにしましょう。

(1)転致（再致）

法廷地であるX国の国際私法はY国の法律を準拠法として指定し

ており，そのY国の国際私法はZ国の法律を準拠法として指定している場合に，X国の国際私法において，Z国の法律を準拠法として適用することを認めることを，転致（再致）と呼びます。ある法律関係についてX国からY国に送致したけれども，さらにZ国に転送される結果になることから「転致（又は再致）」とネーミングされているわけです。

さらに，Z国の国際私法がT国の法律を準拠法として指定する場合に，X国の国際私法において，T国の法律を準拠法として適用することを認めることを，再転致（再々致）と呼びます。

前述のように，通則法は（狭義の）反致は認めていますが，転致や再転致は認めていません。ただし，手形・小切手の行為能力については，手形法・小切手法で，転致までは認められています（手形法88条1項，小切手法76条1項）。

(2)間接反致

再転致という類型があることについては上述しましたが，Z国の国際私法がX国の法律を準拠法として指定しているケースもあります。つまり，X→Y→Z→Xというように，間にZ国の国際私法が挟まりますが，結局X国に戻ってくるケースです。この場合にX国の国際私法において，X国（つまり自国です）の法律を準拠法として適用することを認めることを，間接反致と呼んでいます。

再転致の一種なのですが，結局は法廷地であるX国に戻ってくることになるため，特に区別してネーミングしているのです。

(3)二重反致

法廷地の国際私法でも反致が認められ，最初に準拠法で指定した国の法律でも反致が認められる場合，反致が二重になることがあります。これを「二重反致」と呼びます。

たとえば，法廷地であるX国の国際私法はY国の法律を準拠法として指定しており，Y国の国際私法はX国の法律を準拠法として指定しているとします。ここまでは（狭義の）反致の場合と同じです。

しかし，さらにY国の国際私法がX国からの反致を認め，Y国の

法律を準拠法として適用すると規定している場合には，X国の国際私法でもY国の法律を準拠法として適用することにしようというのが，二重反致です。　*X国の国際私法が最初に指定していたY国の法律を準拠法とすることになります。*

4．反致の根拠

反致という制度・方法はなぜ認められるのでしょうか。

反致の理論的な根拠としては，たとえば「自国の法律を準拠法として指定された国が，その法律の適用を望んでいないのであれば，他国としてはその意思を尊重すべきである」ということが言われます。また，実質的な根拠としては「判決の国際的な調和に役立ち，いわゆる法廷地漁り（自分に有利な国際私法がある国で訴えを提起すること）を防止することができる」という理由が挙げられたりします。

しかし，わが国の学説では結局のところ，上に挙げた理由をはじめとして反致を認める根拠についてはいずれも十分なものではなく，本来反致は認められるべきではないというのが通説です。

とはいえ，今後の立法政策をどうするかはともかく通則法41条で反致が認められていることは争いのないところですから，少なくとも現行法の解釈としては反致を認めるほかありません。したがって入門書という性質に照らして本書では，反致の根拠については疑問が多いとされていることを指摘するにとどめておくことにします。

forum shopping

5．通則法41条の解釈

さて，通則法41条本文は「当事者の本国法によるべき場合において，その国の法に従えば日本法によるべきときは，日本法による。」として反致を明文で認めています。ここでは，この規定を解釈する際の注意点について触れておきましょう。

まず「当事者の本国法によるべき場合」とは，通則法上，当事者の国籍が連結点となっている場合を意味します。たとえば，人の行為能力（4条）や婚姻の成立要件（24条），相続（36条）などが問題になっている場合です。本国法以外の法律が準拠法として指定されているけれども，たまたま指定された準拠法が本国法になったという場合はこ

れに該当せず，通則法41条本文は適用されません。

　また「その国の法に従えば日本法によるべきとき」とは，当事者の本国の国際私法によれば，日本の実質法が準拠法として適用されるときを意味します。なお，この文言から，「第三の国の法に従えば日本法によるべきとき」に日本法を適用すること＝転致は認められていないことは明らかです。また間接反致，二重反致も認められていないとするのが通説です。

❖不統一法国法の指定

　国際法上の1つの国の中で，内容の異なる複数の法律が存在している場合があります。そのような国のことを「不統一法国」と呼びます。たとえばアメリカ合衆国，カナダなどでは，各州ごとに法律が存在します。このように，その内部の地域によって適用される法律が異なる国を「地域的不統一法国」と呼びます。

　またインドネシアなどのように，人種や宗教ごとに異なる法律が適用される国もあります。このように，地域ではなく，人の性質によって適用される法律が異なる国を「人的不統一法国」と呼びます。

　これら不統一法国に関しては，その国の法律が準拠法として指定された場合に，複数ある法律のうちどれを適用すべきかを決定しなければならない（不統一法国法の指定）という問題が生じます。

　以下では，この問題について，地域的不統一法国法が指定された場合と人的不統一法国法が指定された場合とに分けて，その解決策を見ていきましょう。

1．地域的不統一法国法が指定された場合

　この場合の解決策としては，2つの方法が考えられます。

　1つ目の方法は，地域的不統一法国に存在する複数の法律のうちどれを適用するかを，法廷地の国際私法が直接に指定するというものです。　　　「直接指定」と呼ばれています。

　2つ目の方法は，地域的不統一国法に存在する複数の法律のうちどれを適用するかは，その国の法律にまかせるというものです。この，自国に複数存在する法律のうちどれを適用するかを指定する法律のこ

とを「準国際私法」と呼びます。国際私法そのものではありませんが，適用される法律を指定する法律という点では国際私法と類似するので，「準」国際私法とネーミングされているわけです。

「間接指定」と呼ばれます。

　通則法38条3項は「当事者が地域により法を異にする国の国籍を有する場合には，その国の規則に従い指定される法（そのような規則がない場合にあっては，当事者に最も密接な関係がある地域の法）を当事者の本国法とする。」と規定しています。間接指定を原則として，指定する規則（準国際私法）がない場合には直接指定によるということです。

2．人的不統一法国法が指定された場合

　この場合の解決策としても，直接指定と間接指定の2つの方法が考えられます。そして，通則法40条1項は「当事者が人的に法を異にする国の国籍を有する場合には，その国の規則に従い指定される法（そのような規則がない場合にあっては，当事者に最も密接な関係がある法）を当事者の本国法とする。」と規定しています。この場合にもやはり，原則は間接指定，指定する規則（準国際私法）がないときに限り直接指定としているわけです。

　このように通則法は，人的不統一法国法が指定された場合についても地域的不統一法国法が指定された場合と同様の規定を置いています。

　しかし，学説上は，両者を同列に考えるのは妥当ではないとする立場が有力です。この立場では「人的不統一法国は地域的不統一法国とは異なり，地域的には統一された1つの国である。したがって，法廷地の国際私法でその国の法律が指定されたのであれば，人的不統一法の問題については，その国の実質法の問題として解決すれば足りる。よって，間接指定が妥当である。」と主張しています。この立場からは，通則法40条1項のカッコ書の「そのような規則がない場合」とは，その国の規則が不明である場合を意味することになります。

❖**未承認国法の指定**

　日本における北朝鮮（朝鮮民主主義人民共和国）や台湾（中華民国）のように，実際には存在しているものの国際法上の建前としては国家として認めていない国が存在する場合，国際私法でそのような未承認国の法律を指定することはできるのかという問題が生じます。「未承認国法の指定」と呼ばれる問題です。

★**判例と学説**

　この問題については，特に明文の規定はありません。

　しかし，裁判例は指定することを認めています。また学説上も，指定することを認めてよいとするのが通説です。

　仮に，国際私法が主権国家の立法権の衝突を解決するための法律であるとするのであれば，未承認国家は存在しないのと同じことになりますから，その国の法律を指定することはできないと解すべきでしょう。しかしこの時間の冒頭で見たように，国際私法は国際的な法律関係について，最も密接な関係を持つ場所の法律を適用することを決めることで，その解決を図るための法律です。このような国際私法の目的からすれば，政府が承認している国かそうでないかで，その国の法律を指定できるかできないかを区別するのは妥当ではないでしょう。

●5●
準拠法の適用
❖外国法が準拠法とされる場合の問題

　これまで見てきた，①単位法律関係の性質決定，②連結点の確定，③準拠法の特定という3つのプロセスによって，適用される準拠法が具体的に決定されます。最後のプロセスとして，決定された準拠法が適用されることになりますが，準拠法が日本の法律である場合には，特に国際私法上の問題は生じません。国内問題と同様に，民法なら民法，会社法なら会社法の解釈・適用を考えればよいだけです。

　ところが，準拠法が外国法である場合には，その適用について国際私法上いくつかの問題が生じます。この項では，それらの問題のうち，外国法の主張・立証・解釈といった問題について触れ，次項で「国際

私法上の公序」と呼ばれる問題について見ていくことにします。

　なお，外国法の取扱いについては，従来，その前提として外国法の法的性質という議論がありました。しかし現在では，外国法の法的性質をどう解するかによって外国法の取扱いについての結論がただちに出るわけではなく，外国法の取扱いは立法政策の問題であるという理解が一般的になっています。そのため本書では，外国法の法的性質の議論については触れないことにします。

1. 外国法の主張・立証

　日本の法律を適用する場合には，当事者がその法律を適用することを主張・立証しなくても，裁判所が自分の判断で，適用する法律を確定してその内容を調査しなければならないことに争いはありません。このことを，法の適用は裁判所の専権事項であると言ったりします。

　ところが，国際私法によって外国法が準拠法として指定された場合についても同様に考えてよいかについては，争いがあります。同様に考えるのは妥当でないという見解は，外国法については裁判官もよく知らないのが通常だろうから，当事者が主張・立証しなければ，裁判所は自分の判断で適用する外国法を確定したり，その内容を調査する必要はないとします。

　しかし，日本の法律の適用が裁判所の専権事項とされているのは，法律は事実とは違い裁判所が判断する対象ではなく，判断するための基準であるからです。そして外国法もまた，裁判所が判断する対象ではなく判断するための基準である点は変わりません。そうであるとすれば，外国法についても，その適用は当事者が主張・立証しなくても裁判所が自分の判断で適用する外国法を確定し，その内容を調査しなければならないと考えるべきでしょう。

2. 外国法の不明・欠缺

　上記のように，国際私法によって外国法が準拠法として指定された場合，裁判所は，仮に当事者からその外国法について主張・立証がなくても，その外国法について調査すべきです。

　ところが，裁判所が調査しても，たとえばその外国と日本との間に

国交がない場合などには，その外国法の内容が分からないということもありえます。「外国法の不明」の問題といいます。

この問題についてどのように対処すべきかについては，諸説があります。従来の裁判例では法廷地法を適用するものが多いようですが，最近の学説では，民族的・社会的によく似た他の国の法律を代わりに適用すべきであるとする見解も有力です。

裁判所が調査しても外国法の内容が分からないという場合もありますが，調査の結果，そもそもその外国法には，問題となっている事案に適用できる明文の規定が存在しなかったという場合もあります。「外国法の欠缺（けんけつ）」と呼ばれる問題です。

この問題については，その外国の判例や学説を参考にしつつ，合理的な解釈によって解決すべきだと考えられています。たとえば，ある国際間の離婚事件で，国際私法によってX国の法律が準拠法として指定されたところ，裁判所の調査の結果，X国の法律には離婚については何も規定がなかったとします。この場合，規定がないということは，X国では離婚は認めていないのだと解釈することができます。

3．外国法の解釈

裁判所の調査の結果，指定された外国法に明文の規定があり，その内容も分かったとしても，その内容についていくつかの解釈が考えられるという場合もあります。これは日本の法律を適用する場合にも少なからず起きる問題ですが，この場合には，どのような解釈をするべきでしょうか。

この点については，その外国法を制定した当の外国で採用されている解釈を，そのまま採用すべきであると考えられています。

4．外国法の適用違背と上告

裁判所が法令の適用や解釈を誤った場合，それを理由に上告することができるとされています（民事訴訟法312条3項，318条1項など）。

ところで，ここでいう「法令」に外国法は含まれるのでしょうか。裁判所が外国法の適用や解釈を誤ったことを理由に，上告することはできるのでしょうか。

まず，国際私法がX国の法律を準拠法として指定しているのに，裁判所が誤ってY国の法律を準拠法として指定した場合を考えてみましょう。国際私法は国内法の一つですから，この場合には裁判所が国内法の適用を誤ったことになります。したがって，上告できることは明らかです。

次に，国際私法がX国の法律を準拠法として指定し，裁判所もX国の法律を適用したものの，X国の法律の解釈を誤ったという場合を考えてみましょう。これについて判例は「上告できる」という結論を採用しています。学説においては，反対説もありますが肯定説が有力です。

❖国際私法上の公序

通則法42条は「外国法によるべき場合において，その規定の適用が公の秩序又は善良の風俗に反するときは，これを適用しない。」と規定しています。外国の法律が準拠法として指定されたけれども，その法律を適用した結果が，法廷地の公序に反する場合には，その外国の法律を適用することはしない，という規定です。　public policy

国際私法がどの国の法律を準拠法とするかを決めるに当たっては，法律の中身は検討してはならないのが原則でした。

実質法の価値的平等といいましたね。

法律を適用した結果に問題がある場合にはその法律を適用しないということは，その法律の中身を検討して適用するかどうかを決めることになりますから，この原則に反します。そうであるにもかかわらず，通則法が上記のような規定を置いたのはなぜでしょうか。

また，「公の秩序」とは何なのでしょうか。民法90条の規定されている「公の秩序」と同じ意味なのでしょうか。さらに，通則法42条が適用された結果，外国法が適用されないことになった場合には，どのように処理すればよいのでしょうか。

1．公序則の根拠

外国法を適用した結果，たとえば日本のように国内法では一夫一婦制を採用している国において一夫多妻制を認めることになり，あるい

は国内法では宗教上離婚を認めていない国で離婚を認めることになるという場合，そのまま外国法を適用してしまってよいでしょうか。

　確かに，国際私法が適用すべき準拠法を決定する際には，その法律の中身は考慮しないというのが原則です。しかし，その原則を貫くと，法廷地の国内法秩序が崩壊してしまうおそれがあるという場合には，例外的に適用しないことを認める必要があるでしょう。国内法秩序を崩壊させてでも国際私法の原則を守るべきであるというのは一種の自己矛盾です。

　このように，外国法を適用すると国内法秩序と根本的に矛盾する結果が出てしまう場合に，国内法秩序を維持するため，その外国法を適用しないことを認めることを「公序則」といいます。通則法42条は，まさにこの「公序則」を採用することを明らかにしたものなのです。

2．公序則の要件

　通則法42条で公序則が適用される要件として，以下の2つが挙げられます。

通則法42条の要件
①外国法の適用結果が公序に反すること。
②内国との関連性の強さ

　②は条文解釈により必要とされる要件です。内国との関連性というのは，問題となっている事件が，どの程度，内国（日本）と関係するのかということです。その程度が強ければそれだけ，その事件に外国法が適用された結果が不当である場合に，日本の法秩序が乱される危険性が強くなります。つまり，①と②は別個独立の要件ではなく，互いに密接に関係する要件ということができます。

3．「公の秩序」の意味

　公序則にいう「公序」，通則法42条にいう「公の秩序」とはどのよ

うな意味なのでしょうか。

　上記のように，公序則は国内法秩序の維持を理由に認められるものですから，「公序」は法廷地における公序であるとされます。したがって，通則法42条にいう「公の秩序」も日本における公の秩序を指していることになります。

　ところで，日本の民法90条は「公の秩序又は善良の風俗に反する事項を目的とする法律行為は，無効とする。」と規定しています。通則法42条の「公の秩序（又は善良の風俗)」という言葉は，これと同じ意味だと考えてよいのでしょうか。

　民法90条の「公の秩序」は，売買や請負などの法律行為そのものが対象です。これに対し，通則法42条の「公の秩序」は，外国法を適用した結果がその対象であって，両者は対象が異なります。

　また，当事者の合意があってもその規定に反する法律行為は無効とされる規定のことを「強行法規」と言いますが，この強行法規に違反する法律行為は一般に，民法90条の「公の秩序」に反するものと評価されます。

　もし民法90条の「公の秩序」＝通則法42条の「公の秩序」だとすると，強行法規違反＝民法90条の「公の秩序」違反＝通則法42条の「公の秩序」違反だということになります。その結果，強行法規の多い法分野，たとえば親族法や相続法などについて，国際私法が準拠法を選択し，指定する意味はほとんどなくなってしまいます。

　したがって，通則法42条にいう「公の秩序」は，民法90条にいう「公の秩序」とは異なる意味の概念と考えるべきでしょう。

4．公序則が適用される場合の処理

　公序則が適用されると，公序に反するとされた外国法は適用されないことになります。ではその場合，その事件はどのように処理すればよいのでしょうか。

　一つの考え方は，この場合には，法的判断がなくなってしまうことになるから，適用されないことになった外国法の代わりに，内国法（日本法）を適用しようというものです。従来の判例は，この考え方を採用していました。「内国法適用説」と呼ばれます。

しかし最近では，公序則により外国法は適用しないという判断自体が法的判断なのだから，代わりに内国法を適用する必要はないという考え方が有力になっています。

「欠缺否定説」などと呼ばれます。

離婚事件を例に，両説の結論をみてみましょう。離婚を認めないX国の法律が準拠法として指定された場合，離婚を認める日本の法秩序と真っ向から衝突してしまうため，公序則が適用されます。この場合，内国法適用説だと，適用されなくなったX国の法律の代わりに，日本の民法が適用される結果，離婚が認められます。欠缺否認説だと，日本の民法は適用されませんが，「離婚を認めないX国の法律を適用しないという判断自体が，離婚を認めるという判断を意味する」と考えて，やはり離婚が認められるという結論になります。

では，離婚に伴って慰謝料が請求されているケースではどうなるでしょうか。このような慰謝料請求は全く認めないY国の法律が準拠法として指定されたとします。日本の民法では離婚に伴う慰謝料請求も認めていますから，やはり公序則が適用され，Y国の法律は適用されないことになります。この場合，内国法適用説だと日本の民法が適用され，日本の民法の算定基準にもとづいた慰謝料の額が決定されます。しかし欠缺否認説だと，慰謝料請求そのものが認められる点は同じですが，その額は民法の算定基準に基づくものではなく，日本の公序に反しない最低限度のものという結論になります。

[用語チェック]

☐ 　民法や商法，会社法などのように，問題になっ
ている法律関係に適用される具体的な内容が定
められた法律のことを〔①〕といいます。　　①実質法

☐ 　国際私法がある実質法を準拠法として選定す
る際，その実質法の中身に踏み込んで検討して
はいけないという原則のことを「〔②〕」と呼び　②実質法の価値的平等
ます。

☐ 　問題になっている法律関係に最も密接な関係
をもっている場所の実質法のことを〔③〕とい　③最密接関連法（最密
います。　　　　　　　　　　　　　　　　　　接関係地法）

☐ 　国際私法が，準拠法を決定するため，様々な
法律関係を類型別に分けたものを〔④〕といい，　④単位法律関係
問題になっている法律関係がどの〔④〕に分類
されるかを決める作業のことを〔⑤〕といいま　⑤性質決定
す。

☐ 　1つの法律問題が複数の〔④〕に該当するた
め，相互に矛盾する複数の準拠法が適用される
ことになる場合があります。この場合に生じる
問題のことを〔⑥〕といいます。　　　　　　　⑥適応問題（調整問題）

☐ 　単位法律関係を構成する要素のうち，最も重
要で，準拠法を決定する基準とされるもののこ
とを〔⑦〕といいます。　　　　　　　　　　　⑦連結点（連結素）

☐ 　〔⑦〕を明らかにする作業のことを〔⑧〕と　⑧連結点の確定
いいます。

☐ 　単位法律関係が〔⑦〕を定める方法のことを
〔⑨〕といいます。　　　　　　　　　　　　　⑨連結政策

☐ 　子の血統に注目してその子の国籍を決定する
方法を血統主義というのに対し，その子の生ま
れた場所に注目して国籍を決定する方法を〔⑩〕　⑩生地主義
といいます。

⑪法律の回避	□ 当事者が本来適用されてしかるべき法律の適用を免れ，自分に都合のよい他の法律の適用を受けるため，わざと連結点を変更することを〔⑪〕といいます。
⑫国際私法の抵触	□ 同じ法律関係であっても，どの国の裁判所で訴えが起こされるかによって，適用される準拠法が異なり，したがって判決の内容も異なってくるという問題のことを〔⑫〕といいます。このうち，同じ法律関係について複数の国際私法によって指定される準拠法が外見上，複数生じる場合のことを〔⑬〕といいます。これに対し，まったく存在しない場合のことを国際私法の消極的接触といいます。
⑬国際私法の積極的抵触	
⑭法廷地	□ 訴えが起こされた国のことを〔⑭〕といいます。
⑮反致	□ 〔⑭〕の国際私法が，ある国の法律を準拠法と指定しており，一方，同じ法律関係についてその「ある国」の国際私法が法廷地の法律を準拠法として指定している場合には，「ある国」の国際私法にしたがって，法廷地の法律を準拠法とすることを認めることを〔⑮〕といいます。
⑯不統一法国	□ 国際法上の１つの国の中で内容の異なる複数の法律が存在している場合，その国のことを〔⑯〕と呼びます。
⑰公序則	□ 外国法を適用すると国内法秩序と根本的に矛盾する結果が出てしまう場合に，国内法秩序を維持するため，その外国法を適用しないことを認めることを〔⑰〕といいます。

〔○×チェック〕

1. ⇨P.27○

□1. 複数の連結点が導く複数の準拠法の全部がある法律効果を認める場合にだけ，その法律効果の発生を認める連結政策のことを，累積的連

結と呼びます。

□2. 1つの単位法律関係を複数の部分に分けて考え，それぞれの部分について連結点を決めたうえ，各連結点の導く準拠法を別々に適用するという連結政策のことを，配分的連結と呼びます。

□3. 複数の連結点がそれぞれに導く準拠法が一致する場合にだけ，その一致した1つの法律を準拠法とする連結政策のことを，段階的連結と呼びます。一致しない場合には，準拠法は無いという結論が直ちに導かれます。

□4. 通則法によれば，無国籍の人については，原則として，その人の住所がある国の法律が本国法とされます。

□5. 反致の根拠についてはわが国の学説上，疑問が多いとされており，通則法も反致は採用していない。

□6. 公序則は，国際私法の基本的理念である「実質法の価値的平等」の例外として解釈上認められるものであって，通則法上，とくに規定はありません。

2. ⇨P.28○

3. 準拠法が一致しない場合，直ちに準拠法が無いという結論になるのではなく，他の連結点を複数挙げて，そこから導かれる準拠法が一致しないかを再度検討します。⇨P.29×

4. 通則法38条2項⇨P.32×

5. 学説上は疑問が多いとされていますが，通則法は反致を採用しています。⇨P.36×

6. 通則法42条⇨P.44×

●1●
自然人

2時間目までで，準拠法の選択・適用についての一般的なルールを中心に，国際私法の基本的な考え方を見てきました。

3時間目は，日本の国際私法の中心である通則法が，具体的にどのような基準で準拠法を選択しているのかを，順番に見ていきましょう。

まずは，権利の主体となる「人」について解説します。

「人」には，AさんやBさんといった自然人と，X社やY社といった法人があります。この項では自然人の権利能力，行為能力について述べ，次の項で法人について触れることにします。

❖権利能力

私法上の権利と義務の主体となることができる資格のことを「権利能力」といいます。

日本の民法では，自然人には一般的に権利能力が認められています。諸外国の法律でも，自然人の権利能力を一般的に否定しているものとはあまり考えられません。仮にあったとして，そのような法律が準拠法として指定されたとしても，公序則（通則法42法）で適用が否定されることになるでしょう。

そうすると，ある自然人に権利能力があるかないかが一般的に問題になるケースというのは，およそ考えられないことになります。つまり，自然人の権利能力の有無が問題になるのは，個別具体的な法律関係についてだけと言えるでしょう。そのため，自然人の権利能力については，個別具体的な法律問題を，それについて定めている準拠法にしたがって個別に解決すればよいと考えられています。

★失踪宣告

ある自然人が生死不明である状態が一定期間続いた場合には，その人をめぐる法律関係は不安定なものとなってしまいます。そこで，そのような場合に，国家機関が宣告することで，その人が法律上死亡したものとみなしたり，死亡したと推定したりして法律関係を安定させる制度を「失踪宣告制度」と言います。日本の民法も，この制度を採

用しています（民法30条）。　<u>多くの場合、裁判所</u>

　失踪宣告は，<u>国家機関</u>がするものですが，国際私法上，日本の裁判所が失踪宣告をすることができるのはどのような場合でしょうか。また，日本の裁判所が外国人について失踪宣告をする場合，その要件や効力は，どの国の法律にしたがえばよいのでしょうか。

　失踪宣告については，通則法6条が以下のように定めています。

　まず，日本の裁判所が失踪宣告をすることができる場合については，①不在者（失踪宣告を受ける人）が生存していたと認められる最後の時点を基準に，その人が日本に住所があったか又は日本の国籍を持っていた場合が原則とされます。そして例外的に，②不在者の財産が日本にある場合③不在者に関する法律関係が日本に関係するものである場合にも，一定の範囲内でですが，失踪宣告をすることができます。

　②ではその財産についてだけ、③ではその法律関係についてだけ、失踪宣告することができます。

　また，日本の裁判所が失踪宣告をする場合の要件や効力については，日本法（民法30条・31条）が準拠法となります。

失踪宣告（6条1・2項）
①不在者が生存していたと認められる最後の時点に，その住所が日本にあった又は日本の国籍を持っていた場合
②不在者の財産が日本にある場合
③不在者に関する法律関係が日本に関係するものである場合

❖行為能力

　ある人が単独で法律行為をすることができる資格のことを「行為能力」と言います。「単独で」というのは，事実上ではなく，法律上，他の誰かの承認や代理などを必要とせずに，ひとりで法律行為ができるという意味です。行為能力については，通則法4条1項から3項に一般的な規定がありますので，順番に見ていきましょう。

　まず4条1項は，「人の行為能力は，その本国法によって定める」

という原則を述べています。たとえば，18歳の日本人Aさんに行為能力が認められるかは，日本の民法の規定によって判断されるということになります。

民法4条は20歳以上を成年としていますから、Aさんには行為能力は認められません。

　もっとも，結婚・相続といった親族・相続法上の行為をする資格については，各法律関係ごとに別個に準拠法が定められています。したがって，ここでいう「行為能力」は，売買契約を結んだり，土地に抵当権を設定したりといった，財産法上の行為をする資格に限られると考えられています。

　次に，4条2項は，法律行為をした者が，その本国法上は行為能力が制限されるけれども，法律行為をした国の法律では行為能力が認められるという場合には，その法律行為をした当時，その法律行為の当事者全員が法律を同じくする所にいたときに限り，その者に行為能力があるものとして扱うという例外を定めています。

　たとえば，X国の法律では20歳になれば成年とされるのに対し，Y国の法律では25歳にならなければ成年とされないとします。この場合，X国のBさん（22歳）とY国のCさん（23歳）が売買契約を結んだとすると，「行為能力はその人の本国法による」という原則からは，Cさんは，Y国の法律では自分は未成年であるからと言って，売買契約を取り消すことができてしまいます。

　しかし，売買契約がそのような理由で取り消されることはBさんにとって予測できないことでしょうし，大げさに言えば，X国の人はY国の人と安心して取引がしにくくなってしまうでしょう。そこで通則法4条2項は，BさんとCさんがX国内で取引をしたときに限り，Cさんも行為能力があるものとして扱うことで，取引を安心して行えるようにしているのです。

　最後に，4条3項は，以下の場合については，2項は適用されないことを規定しています。

通則法4条3項：2項が適用されないもの
①親族法や相続法の規定が適用される法律行為
②法律が行われた国とは別の国にある不動産

①については，前述のように，1項の「行為能力」には親族法や相続法上の行為能力は含まれないと考えられていますから，あまり意味のない規定ということになります。②の場合には，2項が適用されない結果，1項の原則に戻って処理されるということになります。

★成年後見・保佐・補助

日本の民法は，判断能力が十分でない者を保護するため，成年後見・保佐・補助の3つの制度を設けています。これらの制度はいずれも，家庭裁判所の審判によって開始することになっていますが，日本の家庭裁判所は，外国人についても後見等の開始の審判をすることができるのでしょうか。また，後見等の開始の審判をするための要件や審判の効力については，どの国の法律に拠ればよいのでしょうか。

成年後見・保佐・補助については，通則法5条に規定があります。まず，日本の家庭裁判所が後見等の開始の審判をすることができるのは，判断能力が十分でないと認められ，後見等を受けることになる者が日本に住所・居所があるか又は日本の国籍を持っている場合です。また，後見等の開始の審判をするための要件や審判の効力についても，日本の法律が準拠法になります。

では，判断能力が不十分とされる者（被後見人等）を助ける側の，後見人や保佐人，補助人の選任や権限などについてはどうでしょうか。この点について，通則法35条に規定があり，原則として被後見人・被保佐人・被補助人の本国法が準拠法とされます。例外的に，外国人が被後見人等であって，その外国人の本国法によればその外国人について後見等の開始の審判がされる要件が満たされているのに，日本において後見人等になる人がいないという場合などには，日本の法律が準拠法とされます。

●2●
法人

　会社や財団などのように，人や財産の集合体に法律上，人として権利能力を認められたものを「法人」といいます。

　ある集合体がどのような要件で法人と認められるのか，また，法人を構成する内部機関関係や，法人の代表者の権限をどう定めるかは，国によって異なるところです。ここで株式会社の株主総会の権限については日本法，取締役会の権限についてはフランス法を準拠法として指定するとどうなるでしょう。このように事項ごとに異なる準拠法を指定した場合，それぞれの権限に重複部分ができるなどの矛盾が生じてしまう可能性があります。

　したがって，法人の要件やその内部機関の関係，あるいは法人の消滅といった法人に関する事項については，同一の準拠法を適用すべきであると考えられています。「法人の従属性」と呼ばれています。

1．法人の従属法の決定基準

　日本の国際私法上，法人の従属法をどこの国にするのかを決定する基準については，特に明文の規定はありません。しかし，解釈論として，法人の設立の際の準拠法が，そのままその法人の従属法になると考えられています。たとえば，中国法に基づいて設立された法人については，その法人に関する諸事項については統一的に，中国法を適用しようという考え方です。このような考え方のことを「設立準拠法主義」といいます。

2．外国法人

　外国法を準拠法として設立された法人のことを「外国法人」といいます。この外国法人については，通則法を中心とする国際私法ではなく，民法や会社法といった実質法が直接，規定を設けています。

　たとえば，外国法人が日本で法人として活動することを認めることを「外国法人の成立の認許」といいますが，民法35条1項は，外国法人の成立が認許されるのは，外国会社や条約の規定により認許された場合に限られることを規定しています。そして，民法35条2項で，

認許された外国法人については，日本で成立した同種の内国法人と同じ範囲で権利を有すると規定されています。

　また，会社法817条から823条には，外国会社についての規定が置かれています。設立準拠法主義からすれば，外国会社については，その会社が設立された際の準拠法が適用され，日本法は適用されないのが原則です。しかし，外国会社が日本で活動を行う場合には，日本の法秩序に照らした規制も必要になります。そのため，会社法に上記の諸規定が置かれているのです。

●3●
法律行為

　当事者が一定の意思表示をして，それに基づく法律効果の発生が認められる行為のことを「法律行為」と言います。法律行為の典型例としては，売買や賃貸借，請負といった諸種の契約が挙げられます。

　法律行為の成立については，実質的な要件と形式的な要件とがあります。たとえば意思表示をした者に意思能力があったかどうかというのは実質的要件です。これに対して，届出が必要な法律行為について，その届出がちゃんとなされているかどうかというのは形式的要件になります。

　この節ではまず，通則法が，一般的な法律行為について，それぞれの要件に関してどのように準拠法を指定しているかを順に見ていきます。その後，消費者契約と労働契約についての特別な取扱いに触れることにしましょう。

❖実質的な要件についての準拠法

1．当事者自治の原則

　通則法7条は「法律行為の成立及び効力は，当事者が当該法律行為の当時に選択した地の法による。」と規定しています。また通則法9条本文は「当事者は，法律行為の成立及び効力について適用すべき法を変更することができる。」と規定しています。要するに，法律行為の実質的な要件についての準拠法をどの国の法律にするかについては当事者が自由に決めることができ，また，いったん決めた準拠法を変

更することもできるということです。これを「当事者自治の原則」と言います。

　たとえば，ドイツ人の A さんと日本人の B さんとがフランスで売買契約を結んだ場合でも，売買契約の実質的な要件については，2 人が合意すれば，アメリカ法を準拠法とすることもでき，またそれを後で日本法に変更することもできるわけです。

　もっとも，いったん決めた準拠法を後で変更する場合には，それによって権利が害される第三者に対しては，その変更を主張することはできません（通則法 9 条ただし書）。第三者が当事者による準拠法の変更によって，予測できない損害を受けることがないようにという趣旨です。

2. 当事者による準拠法の選択がない場合

　「当事者自治の原則」は，当事者が準拠法を選択した場合にはそれにしたがうというものです。では，当事者による準拠法の選択がなされない場合には，どのような基準で準拠法が決まるのでしょうか。

　この点については通則法 8 条 1 項で「当該法律行為の当時において当該法律行為に最も密接な関係がある地の法による。」ことが規定されています。そして，どの国が「当該法律行為に最も密接な関係がある地」にあたるかについては，8 条 2 項と 3 項に推定規定があります。

　たとえば，8 条 3 項は，不動産を目的物とする法律行為については，その不動産の所在地が「当該法律行為に最も密接な関係がある地」に当たることが推定されると規定しています。日本にある土地や建物について売買契約を結ぶ場合には（当事者が特に準拠法を指定しなければ）日本の法律が準拠法になるわけです。「推定する」というのは，特にそれと反対の事実が証明されない限り，そのように扱うという意味です。もっとも，不動産の所在地以外の国が「最も密接に関係がある地」であることが証明された場合には覆ります。

❖形式的な要件についての準拠法

　「法律行為の形式的な要件」というのは，法律行為の必要不可欠な要素である意思表示を，どのような形ですればよいか，という要件の

ことです。この要件のことを，通則法は「**法律行為の方式**」と表現しています。たとえば，日本の民法では，契約については原則として特に方式は決められていませんが遺言については方式が決められています（民法960条以下）。　　口頭でも書面でも可能です。

この法律行為の方式の準拠法について，通則法はまず，法律行為の成立＝実質的な要件についての準拠法が，方式についての準拠法にもなることを定めています（通則法10条1項）。なお，この場合の「実質的要件についての準拠法」は，法律行為をした際の準拠法に限られ，その後に通則法9条本文にもとづいて当事者が変更した準拠法は含まれません。

同時に通則法は，その法律行為がなされた国の法律によれば有効な方式であれば，成立についての準拠法の規定にかかわらず，有効なものとして扱うことも規定しています（通則法10条2項）。つまり，法律行為の方式については，成立についての準拠法と行為地法のどちらかにおいて有効なものであれば足りる，ということになります。

★行為地の決め方

ところで，上記のように，法律行為の方式は行為地法によれば有効なものでも足りる，ということを前提とした場合，法律行為の当事者が法律行為の当時，全員同じ場所にいれば特に問題は生じません。しかし，当事者が離れた場所にいて，しかもそれぞれがいる国の法律で法律行為の方式についての規定が異なるというケースでは，どこの国の法律を行為地法と考えればよいのかという問題を生じます。

ex. アメリカの商人と中国の商人とが電話で取引をする場合

まず，法律行為の方式についての法律の規定が異なる国にいる者に対する意思表示については，その通知を発信した国が行為地として扱われます（通則法10条3項）。これは，相手方との合意を必要としない一方的な法律行為については，意思表示が発信された国の法律を行為地法として扱うという趣旨です。　ex. 解除の意思表示、

これに対し，契約の方式については，契約はある人からの申込みとそれに対する承諾があって成立するので，申込みの通知を発信した国または承諾の通知が発信された国が，行為地として扱われます（通則

法 10 条 4 項)。

❖消費者契約と労働契約についての特例

　以上が法律行為について通則法が定める原則ですが，通則法 11 条・12 条には，消費者契約及び労働契約についての特例が定められています。

　当事者自治の原則（通則法 7 条）は，契約をする当事者が対等な立場にあることを想定していますが，実際には片方の当事者が圧倒的に有利な立場にある契約も少なくありません。その典型例が消費者契約や労働契約であり，これらの契約については，弱い立場にある当事者＝消費者，労働者を保護する必要があります。そこで通則法は，この 2 つの契約について，特例を設けているのです。

> 民法の特別法として、消費者契約法やいわゆる
> 労働三法が制定されているのと同じ趣旨です。

1. 消費者契約についての特例

　消費者契約とは，消費者と事業者との契約であって，労働契約を除くものをいいます（通則法 11 条 1 項）。この定義は，日本の消費者契約法の定義にあわせたものです（消費者契約法 2 条）。

　日本の消費者契約法では，不確実な事柄について事業者が断定的な判断を提供し，消費者がそれを信じて契約を結んでしまった場合には，消費者はその契約を取り消す権利が認められています（消費者契約法 4 条 1 項 2 号）。たとえば証券会社 A の営業マン B が，一般の消費者である C さんに「この株を買えば，1 年後には絶対に 100 万円儲かります。」と言った場合がこの規定に当てはまります。

　事業者がこの規定が適用されないように工夫しようと，あるいは契約書に「この規定を適用しないことに合意します。」という条項を入れていたとしても，この規定は適用されます。このように，当事者の意思にかかわらず適用される規定を「強行規定」と言います。

　では，上の例で B が，日本の消費者契約法ではなく，外国の法律を準拠法とすることで右の規定が適用されることを免れようと考え，契約書に「X 国の法律を準拠法とすることに合意します。」という条

項を入れていた場合はどうなるでしょうか。当事者自治の原則 (通則法7条) からすると，この場合にはX国の法律が適用され，日本の消費者契約法が適用される余地はなくなります。しかし，これでは法律について詳しくない消費者が不利な立場に追い込まれてしまい，せっかく日本の消費者契約法が消費者を保護しようとした意味が失われてしまいます。

そこで，通則法11条1項は消費者契約についての特例として，消費者がその常居所地法中の特定の強行規定を適用することを事業者に対して要求した場合には，両者が合意して決めた準拠法の規定とは別に，その強行規定も適用されることとしました。

上記の例で言えば，AC間の契約については，X国の法律が適用されますが，Cさんが「日本の消費者契約法4条1項2号も適用してくれ」とAに要求した場合には，消費者契約法4条1項2号も同時に適用されます。その結果，Cさんは，Bが「絶対に儲かる」と言ったのを信じてしまったことを理由に，A社との契約を取り消すことができるわけです。

上で見た特例は，消費者契約の成立と効力＝実質的な要件についてのものですが，消費者契約の方式＝形式的な要件についても，同様の規定が置かれています (通則法11条3項)。

なお，たとえば，アメリカから来た観光客が東京タワーのお店でお土産を買ったというような場合，これも消費者契約には当たります。しかし，このような場合には，アメリカの法律の強行規定が適用されるかも知れないなどとは店員は全く予想できないでしょうし，またそのようにして観光客を保護する必要性も乏しいでしょう。そこで，一定の場合には，消費者契約であっても，消費者契約についての特例は適用されません (通則法11条6項)。

2. 労働契約についての特例

労働契約についても，弱者 (労働者) を保護するために，当事者による準拠法の選択を制限する特例が置かれています。すなわち，労働契約の成立及び効力＝実質的な要件について，当事者がその労働契約と最も密接な関係がある国の法律以外の法律を準拠法として選択した

場合でも，労働者が使用者に対して「労働契約と最も密接な関係がある国の法律中の強行規定を適用してくれ」と要求したときには，その強行規定が適用されます（通則法 12 条 1 項）。

たとえば，日本の会社が日本で労働者を雇う際に，日本の労働基準法の適用を免れるため，労働契約で中国法を準拠法とすることを決めていたとしても，労働者の側で労働基準法の強行法規を適用することを要求した場合には，これに逆らえないということです。どこが「労働契約と最も密接な関係がある国」に当たるかについては，労働者が実際に仕事に従事することになる国がこれに当たると推定されることになります（通則法 12 条 2 項）。

なお，労働契約については消費者契約の場合とは異なり，方式＝形式的な要件については特例は置かれていません。これは，労働契約の成立を形式面から制限しても労働者の保護にはあまり役立たないと考えられるからです。

●4●
物権
❖物権の準拠法

　動産，不動産に関する物権及びその他の登記をすべき権利については，その動産や不動産＝目的物がある国の法律が準拠法とされます（通則法 13 条 1 項）。「物権」の最も典型的なものは，所有権です。抵当権や質権などの担保物権もこれに含まれます。「その他の登記をすべき権利」の例としては，賃借権などが挙げられます。

これを「所在地法」と呼びます。

★目的物の所在地

　上記のように，物権については目的物の所在地法が準拠法とされます。では，自動車や船舶，航空機などのそれ自体移動する物や，タンカーに載せられて運搬中の物などについては，どこを「目的物の所在地」と考えればよいでしょうか。

　まず，自動車や船舶，航空機などについては，ある時点でそれらがどこにあるかは偶然による場合が多いと言えます。したがって，実際にそれらがある場所＝「目的物の所在地」ととらえるのは，最も密接

な関係がある場所の法律を準拠法とする国際私法の基本理念に適うとは言えないでしょう。そこで，この点については，登録地をもって「目的物の所在地」とみなすべきであるという見解が有力です。

　自動車についての最高裁の判例は，すぐに運転できる状態にある自動車については運転される国の法律を，すぐには運転できない状態にある自動車については現にその自動車が置かれている国の法律を，それぞれ準拠法とするという結論を採用しました。

　運搬中や移動中の物についても，ある時点でたまたまその物がある場所＝「目的物所在地」ととらえるのは適切ではありません。これらの物については，通常，到着地が最も密接な関係がある場所と言えるでしょう。そこで判例・通説は，到着地をもって「目的物の所在地」とみなします。

❖物権変動についての準拠法

　X国内にあるAという動産に担保物権，たとえば質権が設定された後，AがY国に運搬されたとします。この場合，Aに設定された質権の内容については，通則法13条1項により最初はX国の法律が，運搬後はY国の法律がそれぞれ準拠法となります。

　では，そもそも質権の成立＝質権が有効に設定されたかという点についても，運搬後はY国の法律を準拠法として判断されることになるのでしょうか。仮にそうだとすると，Y国では質権が認められていなかった場合には，X国では成立した質権が，AがY国に運搬されたために成立しなかったことになるということになってしまいます。

　このような結論が生じるのを防ぐため，通則法13条2項は，物権の得喪＝物権の成立・消滅については，目的物の（現在の）所在地ではなく，物権の得喪の原因となる事実が完成した当時における目的物の所在地の法律を準拠法に指定しています。「物権の得喪の原因となる事実」というのは，たとえば売買などの契約や取得時効などです。

●5●
債権

　債権の多くは，契約を中心とする法律行為によって生じます。この

ような法律行為によって生じる債権の効力については，法律行為についての準拠法が適用されることになります。

しかし，債権の中には，不法行為に基づく損害賠償請求権や不当利得返還請求権などのように法律上当然に発生する，「法定債権」と呼ばれるものもあります。この法定債権の効力については，法律行為についての準拠法とは別に準拠法が指定されています。

また，債権の効力そのものについては法律行為や法定債権についての準拠法にしたがえばよいとしても，債権の移転についての準拠法に関してはどのように考えればよいのでしょうか。

この項では，これらの点について見ていくことにしましょう。

❖法定債権

ある事実が発生した場合に法律上当然に認められる債権のことを「法定債権」といいます。日本の民法では，法定債権の発生原因になる事実として不法行為（民法709条），不当利得（民法703条），事務管理（民法697条）の3つを規定しており，通則法はそれぞれについて準拠法を指定しています。

1. 不法行為の準拠法の原則

違法な行為，たとえば交通事故で他人に損害を与えた場合，法律上当然に，被害者の加害者に対する損害賠償請求権などが認められます。このような不法行為にもとづく債権の成立と効力について，通則法は，原則として「加害行為の結果が発生した地の法」を準拠法に指定しています（通則法17条本文）。

ただ，この原則にしたがうと，日本の法律ではおよそ不法行為とは認められないケースなのに，加害行為の結果が発生した地であるX国では不法行為に当たるという場合に，日本で不法行為にもとづく損害賠償請求権が認められてしまう可能性があります。そこで通則法は，そのような場合には，日本での損害賠償請求は認められないとしています（22条1項）。

2時間目で学んだ「国際私法上の公序」
が具体化されている一場面です。

また，不法行為による損害を回復するための方法についても，損害賠償請求など日本の法律で認められているものに限定しています（22条2項）。

2. 不法行為の準拠法の特例

　上記のように，不法行為にもとづく債権の成立と効力については「加害行為の結果が発生した地の法」を準拠法とするのが原則ですが，通則法はいくつかの特例を設けています。

　まず，生産物に問題があったために生じた損害，たとえばある自動車を買ったところ，実はエンジンの構造に欠陥があったため火災が起きてしまったというような場合には，被害者がその生産物を受け取った場所の法律が準拠法とされます（通則法18条本文）。被害者（大抵は一般的な消費者）の保護を図る趣旨です。

　次に，他人の名誉や信用を損なう行為，いわゆる名誉毀損行為も不法行為の一種ですが，これによって生じる債権の成立・効力については被害者の常居所地の法律が準拠法になります（通則法19条）。

　また，以上のような17条の原則，18条と19条の特例によって指定される準拠法よりも，事件についてより密接な関係がある国の法律が存在する場合もあるかも知れません。そのような場合に備えて，通則法20条は，17条・18条・19条によって指定された準拠法よりも，明らかにより密接な関係がある国の法律がある場合には，その法律を準拠法とすることも規定しています。

　さらに，このようにしていったん決まった準拠法を，後で当事者間の合意で変更することも許されています（通則法21条）。

3. 事務管理・不当利得の準拠法

　法律上義務がないのに他人の事務の管理を始めた者に，管理行為を継続させる代わりに管理にかかった費用を本人に請求できるようにする制度のことを，事務管理といいます。たとえば，Aさん一家の旅行中，台風でAさん宅の窓ガラスが割れてしまったので，隣人のBさんが修理しておいたという場合，BさんはAさんに修理費用を請求することができます。

また，法律上の根拠がないのに他人の財産や労力によって利益を得，そのために他人に損害を与えたという場合に，利益を得た者から損害を受けた者に利益を返還させるという制度のことを，不当利得といいます。たとえば，CがDの土地に勝手に小屋を立てて住み着いてしまった場合，CはDに対し土地の使用利益（金銭に換算することになります）を返還しなければなりません。

　この事務管理と不当利得によって生じる債権の成立と効力について，通則法は「原因となる事実が発生した地」の法律を準拠法に指定しています（通則法14条）。たとえば，上のCとDの例で，DがX国に居る間にCがY国のDの土地に住み着いていたという場合，準拠法となるのはX国の法律ではなくY国の法律になります。

　もっとも，この事務管理と不当利得の準拠法に関しても，不法行為の場合と同様に，明らかにより密接な関係がある国がある場合にはその国の法律が優先的に準拠法になります（通則法15条）。

❖債権移転の準拠法

1. 債権譲渡の準拠法

　自分の持っている債権を他人に譲ることを，債権譲渡といいます。AさんがBさんに対する借金20万円を返すため，現金ではなく，AさんのCさんに対する売掛金債権20万円を譲るような場合です。

　債権譲渡の当事者間，上の例で言えば，AさんとBさんとの間の関係については，AさんがBさんに債権を譲った時の契約（通常は売買契約でしょう）についての準拠法を適用すれば足ります。しかし，Cさんとの関係，あるいはその他の第三者との関係も生じえます。

　たとえば，AさんはDさんからもお金を借りていて，返済に困った挙句，DさんにもCさんに対する売掛金債権を譲ってしまったというケース，いわゆる二重譲渡です。この場合のDさんとの関係については，どのように準拠法が決定されるのでしょうか。

　通則法23条は，債権譲渡における債務者その他の第三者との関係については，「譲渡に係る債権について適用すべき法」を準拠法に指定しています。譲られる債権が売掛金債権ならばそのもとになった売買契約についての準拠法が，また不当利得にもとづく返還請求権なら

ばその不当利得についての準拠法が，それぞれ債権譲渡の第三者との関係についての準拠法にもなるというわけです。

2. 法律による債権移転の準拠法

　債権譲渡は当事者の意思に基づいて債権が移転する場合ですが，相続や弁済による法定代位など，法律上当然に債権が移転する場合もあります。これらの法律による債権移転の準拠法については，どのように考えればよいでしょうか。

　この点については，債権譲渡の場合と異なり，通則法に明文の規定は置かれていません。そこで，この場合には，債権移転の原因となった事実についての準拠法を，債権移転の要件と効力についても準拠法にしようというのが通説です。たとえば通則法36条で，相続については被相続人の本国法が準拠法とされています。したがってこの通説によれば，相続による債権移転の要件と効力についても，被相続人の本国法を準拠法にすることになります。

●6●
婚姻

　ここまで法律行為や物権，債権といった財産関係についての準拠法がどうなっているのかを見てきました。次に，親族法・相続法などと呼ばれる，夫婦間や親子間の法律関係についての準拠法を見ていきましょう。

　日本人と外国人とが夫婦になろうとする場合，あるいは外国人同士が日本で夫婦になろうとする場合，国際私法上どのような問題が生じるでしょうか。

　婚姻については，国際私法上，大まかに分けて①婚姻が有効に成立するのか②有効に成立したとして，その婚姻にはどのような効力が認められるのか③有効に成立した婚姻関係を解消する，つまり離婚をするにはどうすればよいのか，といった3つの問題があります。また，婚姻の前段階である婚約や，法律上は婚姻関係にはないけれども実質的には夫婦として生活しているという，いわゆる「内縁」関係についてどう扱えばよいのかといった問題もあります。

この項では，これら婚姻に関する諸問題について，どのように準拠法が指定されているのかを見ることにしましょう。

❖婚姻の成立についての準拠法

法律行為の成立要件には実質的な要件と形式的な要件（方式）の両方があることを見ましたが，婚姻の成立も，実質的な要件と形式的な要件の両方を満たす必要があります。それぞれの要件について，通則法はどのように準拠法を指定しているのでしょうか。

1. 婚姻の実質的要件についての準拠法

通則法は，婚姻の実質的な要件についての準拠法を「各当事者につき，その本国法による。」と指定しています（通則法24条1項）。

たとえば，サウジアラビア人の男性Aさんと，日本人の女性Bさんが結婚しようと考えています。日本の民法では，重婚でないこと，つまり他に婚姻関係を結んでいる者がいないことが，婚姻の実質的要件の一つとされています（民法732条）。しかし，一夫多妻制度が認められているサウジアラビアでは，夫となる者については「重婚でないこと」は婚姻の実質的要件とはされていません。

したがって，仮にAさんに既に他の妻がいたとしても，Bさんに他に夫がいなければ，2人の婚姻はその実質的要件に欠けることにはならないわけです。

2. 婚姻の形式的要件（方式）についての準拠法

婚姻の形式的要件（方式）については，通則法は，「婚姻挙行地」か又は「当事者のどちらか一方の本国法」に照らして適法なものであれば，有効になるとしています（通則法24条2項，3項本文）。

ただし，婚姻挙行地が日本で，かつ当事者のどちらか一方が日本人である場合には，婚姻挙行地の法律＝日本の法律に照らして適法な方式でなければ，有効と認められません（通則法24条3項ただし書）。

両方とも日本人である場合ももちろん含まれます。

なお，「婚姻挙行地」というのは，法律上婚姻を成立させる方式がなされた場所という意味で，日本ならば婚姻届の提出がなされた場所

68

になります。

「結婚式を挙げた場所」ではないことに注意してください。

❖婚姻の効力についての準拠法

　婚姻の法的な効力は，大きく2つに分けることができます。1つ目は，夫婦になることによってどのような権利義務関係が生じるか，たとえば，氏はどうなるのか，貞操義務を負うのか，扶養義務を負うのか，といった身分法的な効力です。2つ目は，新しい生活を始めるために2人がそれぞれに持ち寄った財産はどうなるのか，2人がお金を出し合って買った家財道具は誰の所有物になるのか，婚姻後にそれぞれが稼いだお金は誰のものになるのかといった，財産法的な効力です。

　通則法は，前者を婚姻の（身分法的な）効力の問題，後者を夫婦財産制の問題というように分け，それぞれについて準拠法を指定しています。

1．婚姻の効力についての準拠法

　通則法は，婚姻の効力についての準拠法を，次のような段階的連結によって指定しています（通則法25条）。　<u>29ページ参照、</u>

> **婚姻の効力についての準拠法**
> ①夫婦の本国法が同じものである場合はその法律
> ②夫婦の常居所地の法律が同じものである場合はその法律
> ③夫婦に最も密接な関係がある地の法律

　重国籍や無国籍，あるいは本国が地域的不統一法国の場合には，①に当てはまるかを検討する前に，そもそもその人の本国法はどの法律なのかを，まず通則法38条にしたがって決定する必要があります。

2．夫婦財産制についての準拠法

　通則法は，夫婦財産制についても，原則として婚姻の効力について

の準拠法と同じ段階的連結を採用しています（通則法26条1項は通則法25条を準用しています）。

ただ，夫婦財産制の場合には，さらに当事者の合意によって，次のどれかを準拠法として指定することも認められています（26条2項）。

夫婦財産制では①～③の他，次のどれかを準拠法にすることが可能
④夫婦の一方が国籍を有する国の法律
⑤夫婦の一方の常居所地の法律
⑥不動産に関する夫婦財産制についてはその不動産の所在地の
　法律

この合意には，日付の記載がされた書面でなされていること，その書面に夫婦双方の署名がされていることが必要です。

❖離婚についての準拠法

離婚についての準拠法に関しても，通則法は原則として，婚姻の効力についての準拠法と同じ段階的連結を採用しています（通則法27条本文は通則法25条を準用しています）。

ただ，夫婦の一方が日本に常居所がある日本人である場合には，常に日本の法律が準拠法とされます（通則法27条ただし書）。このように，日本人について特別の規定が定められていることがありますが，そのような規定のことを「**日本人条項**」と呼びます。

夫婦の一方が日本に常居所がある日本人であって，もう一方も日本に常居所があるかまたは日本人であるという場合には，通則法27条本文の準用する通則法25条により，日本の法律が準拠法になります。したがって，通則法27条ただし書が適用されるのは「夫婦の一方が日本に常居所がある日本人であるが，もう一方は日本人ではなく，日本に常居所があるわけでもない」という場合に限られます。

なお，ここで指定される離婚についての準拠法によって判断されるのは，①そもそも離婚制度が認められるのか，②どのような理由があ

れば離婚できるのか，③離婚の方法はどのようなものか，といった問題です。離婚制度を認めている国の多くは，裁判所の手続を必要としていますが，この点については国際民事訴訟法の問題が別に生じます。

❖婚約，内縁，別居の取扱い

　婚約や内縁の扱いについては，通則法上明文の規定はありません。しかし通説は，いずれについても，婚姻に準ずるものとして，これまでに見た婚姻の効力と夫婦財産制についての通則法の規定（24条～26条）を類推適用すべきであるとしています。

　また，内縁とは逆に，法律上は婚姻関係にあるけれども事実上離婚状態にある場合，すなわち「別居」状態についても，通則法上の明文の規定はありませんが，通説は離婚に準じて通則法27条を類推適用すべきであるとしています。

●7●
親子

　親子については，まず親子関係の成立の問題，すなわち，どのような要件を満たせば親子関係が認められるかという問題があります。

　一口に「親子関係」といっても，実の親子の関係と，養親と養子の関係とがあります。さらに，実の親子関係は，法律上の婚姻関係にある男女間に子が生まれた場合である嫡出親子関係と，法律上は婚姻関係にない男女の間に子が生まれた場合である非嫡出親子関係とがあります。これらの親子関係の成立について，通則法はどのように準拠法を指定しているのでしょうか。

　親子関係が成立した場合には，次に親子関係の効力がどのようなものなのかという問題が生じます。この点については，通則法はどのように準拠法を指定しているのでしょうか。順に見ていきましょう。

❖嫡出親子関係

1．嫡出制度

　実の親子の関係について，法律上の婚姻関係にある男女から生まれた子を嫡出子，法律上は婚姻関係にない男女，たとえばいわゆる「内

縁」関係にある男女から生まれた子を非嫡出子として両者を区別する制度のことを、「嫡出制度」と言います。この嫡出制度については賛否両論があるところですが、現在の日本の民法は、嫡出制度を採用しています。

2. 嫡出親子関係の準拠法

嫡出親子関係の成立について、通則法は、「夫婦の一方の本国法で子の出生の当時におけるものにより子が嫡出となるべきときは、その子は、嫡出である子とする。」と規定しています（通則法28条1項）。

夫婦のどちらか一方の本国法において、生まれてきた子が嫡出子であると認められないときでも、他方の本国法で嫡出子と認められるなら、嫡出子になるということです。

ところで通則法28条1項は子供の「出生の当時」における本国法を準拠法に指定していますが、母親が子供を出産する前に死亡した場合には、通常はその子供も死産となってしまいます。しかし、父親が死亡した後でその子が生まれてくるというケースはそれほど珍しいものではありません。この場合には「夫婦の一方の本国法」はどのようになるのでしょうか。

この点については、通則法28条2項により、父親の死亡時における父親の本国法が、子供の出生の当時における夫の本国法とみなされることになります。

❖非嫡出親子関係の準拠法

1. 事実主義と認知主義

非嫡出子についてどのような場合に法律上の親子関係の成立を認めるかについては、大きく分けて2つの立場があります。

1つは、出生したという事実によって当然に親子関係の成立を認めようという立場で、「事実主義」や「血統主義」などと呼ばれています。もう1つは、出生したという事実だけでは不十分で、親が自分の子であると認めることではじめて親子関係の成立を認めようという立場です。この立場は「認知主義」とか「意思主義」などと呼ばれています。

これを「認知」といいます。

日本の民法では認知主義が採られていますが，外国の法律の中には事実主義を採っているものもあります。そこで，以下にみるように，通則法は，両方の立場があることを前提にして，非嫡出親子関係の成立についての準拠法を指定しています。

2．通則法 29 条 1 項

通則法 29 条 1 項は，まず前段で，事実主義であるか認知主義であるかを問わず，非嫡出親子関係の成立につき，父との親子関係については父の本国法が，母との親子関係については母の本国法が，それぞれ準拠法になることを規定しています。

そして後段で，前段の基準にしたがえば認知主義を採用している法律が準拠法になる場合に，その法律が認知の要件として子供自身か第三者の承諾・合意が必要になるとしているときには，その要件も満たさなければ親子関係は認められないと規定しています。

たとえば，日本の民法では，成人した子を認知する場合には，子自身の承諾が必要とされています（民法 782 条）。したがって，内縁関係にある日本人男性の A さんと中国人女性の B さんとの間に C さんが生まれ，C さんが 20 歳になったときにようやく A さんが C さんを認知しようとした場合には，C さんが認知されることを承諾しなければ，C さんと A さんとの親子関係は認められません。

3．通則法 29 条 2 項

通則法 29 条 1 項は，子が生まれた時の非嫡出親子関係の成立が問題になる場合の規定です。これに対し，子が生まれた後の非嫡出親子関係の成立＝認知による非嫡出親子関係の成立が問題になる場合については，通則法 29 条 2 項が適用されます。

すなわち，通則法 29 条 2 項は，以下のどれかによれば有効と認められる認知がなされれば，非嫡出親子関係の成立が認められるとしています。

これは，認知の成立をなるべく広く認めて，法律上の親子関係が成立しやすいようにしようという配慮に基づく規定です。ただし，認知される子の保護も図る必要がありますから，認知時の子の本国法が，認知の要件として子の同意などを要求している場合には，その要件も備える必要があります。

　なお，通則法29条2項は認知の効力についての規定です。認知の方式については，通則法34条が適用されます。

❖準正の準拠法

　非嫡出子として生まれた子に，嫡出子としての法的身分を認める制度のことを「準正」といいます。たとえば，日本の民法では，父が認知した子についてはその父母が婚姻することで，またそれ以外の場合でも婚姻中に父母が認知することで，嫡出子としての身分を取得するとして（民法789条），準正を採用しています。

　この準正について，通則法30条1項は，父母の婚姻などの準正の要件である事実が完成した時点を基準に，①父の本国法，②母の本国法，③子の本国法のいずれかがその準正についての準拠法となることを規定しています。

❖養親子関係の準拠法 　養子縁組によって成立する親子関係です

1．養親子関係とは

　実の親子の関係にない者同士を法律上親子にする制度を「養子縁組」といいます。国によっては，実の両親との親子関係も続く通常の養子縁組の他に，実の両親との親子関係を失わせる特別養子縁組の制度を設けているところもあります。日本でも，特別養子縁組制度が採用さ

れています（民法817条の2以下）。

2．養親子関係の成立についての準拠法

養親子関係の成立要件も，実質的なものと形式的なもの（方式）とに分けられます。

実質的要件の準拠法については，通則法は「（養子）縁組の当時における養親となるべき者の本国法による。」としています（通則法31条1項）。ただし，養子となるべき者の本国法によれば，その者自身や第三者の承諾・同意などが要件とされている場合には，その要件も満たす必要があるとされています（同条1項後段）。

一方，形式的要件の準拠法については，「親族関係についての法律行為の方式」一般について適用される通則法34条によることになります。したがって，実質的要件についての準拠法か（1項），養子縁組がなされた地の法律（2項）のどちらかによれば適法な方式であれば，形式的要件を満たすことになります。

3．離縁についての準拠法

成立した養子縁組を解消することを「離縁」といいます。

通則法は離縁の準拠法についても，養子縁組の実質的要件の準拠法である「（養子）縁組の当時における養親となるべき者の本国法による。」と規定しています（通則法31条2項）。

❖親子間の法律関係

実の親子関係あるいは養親子関係が成立する場合，次に，親子関係の効力についての準拠法をどうするかが問題になります。

親子間でどのような法律関係が発生するかという問題です。

この点については，通則法32条が規定しています（次ページの図）。

婚姻の効力についての準拠法は，身分法的な効力と財産法的な効力とに分けて規定がされていました。しかし，通則法32条で指定される親子関係の効力についての準拠法は，身分法的関係と財産法的関係とを問わず，親子関係について広く適用されます。

> **通則法32条**
> ①子の本国法が父又は母の本国法と同じ場合はその法律
> ②それ以外の場合は子の常居所地法

●8●
扶養

　扶養というのは，広い意味では，生活に対する援助一般を指します。

　これには，私的な扶助だけでなく各種の社会保険など公的な扶助も含まれますが，公的扶助は各国の公法に基づくものであり，国際私法の対象にはならないと考えられています。また，私的な扶助の中には，贈与など契約の形をとるものや，不法行為の効果として課せられるものもありますが，これらについてはそれぞれ，契約についての準拠法，不法行為についての準拠法によることになります。

　したがって，この項で取り上げるのは，夫婦や親子といった，一定の親族関係にもとづいて生じる，狭い意味での（私的な）扶養です。

❖扶養の準拠法

　これまで通則法がどのように準拠法を指定しているかを説明してきましたが，扶養の準拠法については，通則法ではなく，「扶養義務の準拠法に関する法律」という名前の法律が規定しています。これは，わが国が批准した「扶養義務の準拠法に関する条約」を国内法化したものです。

　「扶養義務の準拠法に関する法律」は扶養義務の準拠法について，原則は「扶養権利者＝扶養を受ける者の常居所地法」であると規定しています（2条1項本文）。例外として，原則によったのでは扶養権利者が扶養を受けることができないときには，当事者の本国法が準拠法となり（同項ただし書），さらにそれでも扶養権利者が扶養を受けることができないときは，日本法が準拠法になります（2条2項）。

　　扶養者にお金がないときという意味ではなく、法律上
　　扶養義務が認められないときを意味します。

76

「扶養義務の準拠法に関する法律」が上記のような例外を認めているのは，扶養権利者ができるだけ扶養を受けることができるようにという配慮によります。しかし，その結果，扶養権利者と関係の薄い者が予想外に扶養義務を負ってしまうという可能性も生じます。

　そこで，傍系血族または姻族間の扶養義務については，扶養義務者が当事者の本国法によれば扶養義務を負わないという場合には，扶養義務者が異議を述べれば，その当事者の本国法に準拠法を変更する（扶養義務が認められないことになる）ことが認められています（3条）。

●9●
相続

　ある自然人が死亡した場合，その人の相続人が，その人の権利も義務も承継します。これを「相続」といい，相続される人＝死亡した人のことを「被相続人」，相続する人のことを「相続人」といいます。

　この項では，相続と相続に密接に関連する遺言について，通則法がどのように準拠法を指定しているかを見ていきます。

❖相続の準拠法

1．相続統一主義と相続分割主義

　相続の準拠法について，通則法は「相続は，被相続人の本国法による」と規定しています（通則法36条）。

　相続人が被相続人から相続する財産には，不動産や動産，債権などの種類がありますが，通則法は，相続財産の種類によって区別することなく，被相続人の本国法を準拠法に指定しているわけです。このように，相続財産を区別せずに統一的に準拠法を指定する方法のことを国際私法上，「相続統一主義」といいます。

　これに対して，相続財産を不動産と動産とに区別して，不動産についてはその所在地の法律を，動産については被相続人の本国法を，それぞれ準拠法に指定する方法もあります。この方法は「相続分割主義」と呼ばれ，イギリスやアメリカなどで採用されています。

2．相続の準拠法の適用範囲

通則法 36 条によって指定された相続の準拠法＝被相続人の本国法は，相続に関する問題について広く適用されます。

相続については，いつ相続が開始するのか，誰が相続人になるのか，何が相続財産になるのか，相続人はどのような割合で相続財産をもらえるのか，といった様々な問題がありますが，これらの問題は原則として，すべて被相続人の本国法によって判断されることになります。

❖遺言

1．遺言の成立と効力の準拠法

通則法は「遺言の成立及び効力は，その成立の当時における遺言者の本国法による。」と規定しています (通則法 37 条 1 項)。

ただ，実際には，遺言の成立について最も問題になりやすいのは，どのような形式の遺言が認められているかという遺言の方式の問題ですが，この点については，下に述べるように他の法律に規定があります。したがって，通則法 37 条 1 項が問題になるのは，遺言者の意思能力の問題等にかぎられます。

また，遺言の効力についても，遺言の中身，たとえば遺言によって認知をしようとした場合に，そもそも遺言で認知することができるのかといった問題については，認知についての準拠法が適用されます。

したがって，通則法 37 条 1 項が適用されるのは，遺言がそれ自体有効に成立したかどうかという問題のときのみということになります。

2．遺言の方式の準拠法

多くの国では，遺言は一定の形式によることが求められています。たとえば，日本の民法では，基本的には自筆証書遺言，公正証書遺言，秘密証書遺言の 3 つの方式しか認めていません (民法 967 条本文)。

このような遺言の方式の準拠法については，通則法ではなく，「遺言の方式の準拠法に関する法律」という法律に規定があり，できるだけ遺言を有効にしようという観点から，多数の選択的連結による準拠法の指定がなされています (2 条)。

［用語チェック］

①法律行為

□　当事者が一定の意思表示をして，それに基づく法律効果の発生が認められる行為のことを〔①〕といいます。

②当事者自治の原則

□　〔①〕の成立と効力＝実質的な要件についての準拠法は，原則として当事者が自由に決めることができます。これを〔②〕といいます。

③法律行為の方式
④扶養
⑤扶養義務の準拠法に関する法律

□　法律行為の形式的な要件のことを通則法上，〔③〕と呼んでいます。
□　生活に対する援助一般のことを (広い意味での)〔④〕といい，通則法ではなく，〔⑤〕という法律によって準拠法が指定されています。

〔○×チェック〕

1.　通則法5条⇒P.55
×

□1.　日本の裁判所は，日本の国籍を持っている人でなければ，後見や保佐・補助の開始の審判をすることはできません。

2.　通則法8条1項⇒P.58×

□2.　法律行為の実質的な要件について，当事者による準拠法の選択がなされない場合，当事者の住所地法が準拠法になります。

3.　通則法10条2項⇒P.59×

□3.　法律行為の実質的な要件についての準拠法によれば無効となる法律行為の方式は，有効とされる余地はありません。

4.　通則法13条2項⇒P.63×

□4.　物権については，その成立・消滅と内容につき，目的物の現在の所在地の法律が準拠法とされています。

5.　債務者その他の第三者との関係についてのみ適用されます(通則法23条)。⇒P.66,67×
6.　⇒P.68○

□5.　債権譲渡がなされた場合，債権を譲った人・譲り受けた人・債務者その他の第三者のすべての法律関係について「譲渡に係る債権について適用すべき法」が準拠法とされます。

□6.　婚姻の実質的要件については，各当事者に

ついてそれぞれ，各自の本国法が準拠法とされ
ます。

□7. 婚姻の形式的要件（方式）についても，各
当事者についてそれぞれ，各自の本国法が準拠
法とされます。

□8. 婚姻の効力，夫婦財産制，離婚については，
原則としてすべて同じ方法で準拠法が決定され
ます。

□9. 養親子関係の実質的成立要件についての準
拠法は，「縁組の当時における養親となるべき
者の本国法」です。

□10. 親子関係の形式的要件（方式）については，
広く通則法32条が適用されます。

□11. 遺言の方式については，通則法34条が適
用されます。

7. 通則法24条2項，
3項本文。また，日本
人については特別な規
定があります。⇨P.68
×

8. ⇨P.68〜70○

9. ⇨P.75○

10. 親族関係について
の法律行為の方式は通
則法34条が広く適用
されます。⇨P.75×

11. 「遺言の方式の準
拠法に関する法律」が
あります。⇨P.78×

4 時間目
国際私法その 4
国際民事手続法

1

はじめに

　1時間目で見たように，手続については「手続は法廷地法による」という原則が，広く認められてきました。

　たとえば，日本国内で，日本人同士の間で紛争が生じた場合には，日本の裁判所において，日本の民事手続法にしたがって手続が進められることは当然とされています。

　しかし，外国で日本人同士の間で紛争が生じた場合，あるいは日本で日本人と外国人の間で紛争が生じた場合には，まず，そもそもどの国の裁判所でその紛争処理の手続がとられるべきなのか，という問題が生じます。この問題を「国際裁判管轄」の問題といいます。

　次に，その紛争をどの国の手続法にしたがって処理していけばよいのか，という訴訟手続の問題が生じます。さらに，外国の裁判所で判決が出された場合，その判決が日本国内で効力が認められるのか，という問題も生じます。ここでは，これらの国際民事手続法上の問題について見ていきましょう。

国際裁判管轄

　国際的な紛争について，どの国の裁判所でそれを処理するための手続がとられるべきか，という問題を「国際裁判管轄」の問題といいます。「裁判管轄」というのは，個々の事件についてどこの裁判所が裁判をする権利（管轄権）を有するかをどのように決めるか，という基準を意味します。

　証拠がそろっていても，遠い外国の裁判所で裁判をしなければならないことになったら，時間とお金がない人は，泣き寝入りをしなければなりません。ですから，国際裁判管轄の問題は，準拠法がどの国の法律になるかという問題と同様に，あるいはそれ以上に，重要な問題と言えます。

　しかし，この問題について国際的に統一的な取り決めはなく，各国が国内法で裁判管轄権行使の範囲を定めているのが現状です。日本では民事訴訟法が財産関係事件について，人事訴訟法と家事事件手続法

が家族法関係事件について，国際裁判管轄を定めています。

❖財産関係の事件の国際裁判管轄

1．一般原則

　人に対して訴える場合は，被告の住所が日本国内であれば，日本の裁判所が管轄権をもちます。法人の場合は，主たる事務所・営業所が日本国内にある場合となります（民事訴訟法3条の2）。

2．訴えの類型ごとのルール

①契約債務の履行請求が目的の場合

　契約上の債務の履行の請求や，債務不履行による損害賠償請求をする場合，その履行地が日本国内であれば，日本の裁判所が管轄権をもちます（民事訴訟法3条の3第1号）。

②財産権上の訴え

　被告の財産が日本国内にあるときは，日本の裁判所が管轄権をもちます（民事訴訟法3条の3第3号）。

③業務に関する訴え

　日本国内に事業所・営業所をもつ者に対し，その業務に関する訴えをする場合は，当該事務所又は営業所が日本国内にあれば，日本の裁判所が管轄権をもちます（民事訴訟法3条の3第4号）。

　また，日本国内に事業所がなくても，日本において事業を行う者に対しては，日本における業務に関する訴えであれば，日本の裁判所が管轄権をもちます（民事訴訟法3条の3第5号）。

④不法行為に関する訴え

　日本国内で不法行為があった場合，日本の裁判所が管轄権をもちます（民事訴訟法3条の3第8号）。

　これには，加害行為のみが日本国内であった場合と，結果発生のみが日本国内であった場合の両方が含まれます。ただし，国外で加害行為が行われ，国内で結果が発生した場合，その結果が通常予見することのできないものであったときは，管轄権が認められません。

3．消費者契約・労働関係事件の特則

　一般的に弱い立場にある消費者や労働者の権利を守るため，消費者契約・労働関係事件に関する訴えについて特則が定められています。

　消費者契約の場合は，契約締結時における消費者の住所が日本国内であれば管轄が認められます（民事訴訟法3条の4第1項）。

　労働関係事件の場合は，労務提供の地が日本国内であれば管轄が認められます（民事訴訟法3条の4第2項）。

4．合意による管轄

　どの国の裁判所に訴えを提起するかを，当事者の合意で決めることもできます（民事訴訟法3条の7第1項）。その場合，書面（電子的な書面でも可）による合意が必要です（同条2項）。

5．特別の事情による訴えの却下

　以上のように日本の裁判管轄権行使の範囲が定められています。しかし，日本の裁判所が管轄権をもつとなった場合でも，「事案の性質，応訴による被告の負担の程度，証拠の所在地」といった事情に照らし，日本で裁判することが適さないといえる場合には，訴えが却下されることになります（民事訴訟法3条の9）。

❖家族法関係事件についての国際裁判管轄

1．人事に関する訴えの管轄

　離婚の訴えなどの婚姻関係訴訟や，嫡出否認の訴えなどの親子関係訴訟について，人事訴訟法に国際裁判管轄の定めがあります。

　次のような場合には，日本の裁判所に管轄権があります。

①被告の住所が日本国内にあるとき（人事訴訟法3条の2第1号）。

②当事者双方が日本国籍を有するとき（同条5号）。

③当事者の最後の共通の住所が日本国内にあり，かつ原告の住所が日本国内にあるとき（同条6号）。

④原告の住所が日本国内にあり，かつ被告が行方不明であるときなど，日本の裁判所が審理及び裁判をすることが当事者間の衡平を図り，又は適正かつ迅速な審理の実現を確保することとなる特別の事情がある

とき（同条7号）。

2．家事審判事件に関する管轄

　家事審判事件についての国際裁判管轄は，家事事件手続法が定めています。

　たとえば，親権に関する審判の場合，子の住所が日本国内にあるときは，日本の裁判所が管轄権をもちます（家事事件手続法3条の8）。

　家事審判事件の場合も，特別の事情により訴えが却下されることがあります（家事事件手続法3条の14）。

●3●
訴訟手続

　先にも述べたように，手続については「手続は法廷地法による」という原則が広く認められています。この原則によれば，日本の裁判所での訴訟には，民事訴訟法を中心とする日本の民事手続法が適用されることになります。

　ところで，日本の民事訴訟法は，民事訴訟の当事者になる一般的な資格として当事者能力が必要であるとし，さらに，弁護士などに頼まず，単独で有効に訴訟行為をする場合には，その資格である「訴訟能力」を備えていることも求められます。日本人同士が日本の裁判所で裁判をする場合には，それぞれの資格についての民事訴訟法の規定を適用することに特に問題はありません。

　しかし，外国人や外国法人については，これらのいわば訴訟の入り口になる資格の点について，日本人と全く同じに扱うのが適切なのかという問題が生じます。

　また，訴訟手続の中では，訴状をはじめとして様々な書面が当事者同士，あるいは当事者と裁判所の間でやりとりされます。この書面のやりとりの方法についても，日本人同士の訴訟の場合とは違った配慮が必要になるでしょう。　*書面のやりとり＝送達といいます*

　さらに，証拠調べは通常，当事者の面前で行われるものですが，外国人が当事者となる場合には，証拠が外国にあるということも少なく

ないでしょう。このような場合には，証拠調べはどのように行えばよいのでしょうか。

この項では，これらの問題点について見ていきます。

❖当事者能力，訴訟能力

当事者能力と訴訟能力については，民事訴訟法に「当事者能力，訴訟能力及び訴訟無能力者の法定代理は，この法律に特別の定めがある場合を除き，民法その他の法令に従う」という規定があります（民事訴訟法 28 条）。しかし，この規定が外国人にも適用されるかについては学説上，以下のような争いがあります。

1 つの立場は，外国人の当事者能力と訴訟能力も手続の問題であるから当然に「手続は法廷地法による」の原則にしたがい，日本の手続法が適用されるとするものです。この立場によれば，外国人にも民事訴訟法 28 条が適用され，「法令に従う」の「法令」は通則法を意味することになりますから，通則法が指定する準拠法にしたがって，当事者能力や訴訟能力が判断されることになります。

これに対し，外国人の当事者能力と訴訟能力は確かに手続の問題だが，「本国法による」という不文律があるとして，外国人の本国の手続法が通則法を介さずに直接適用されるとする立場もあります。

この問題については裁判例も分かれています。もっとも今のところ，どちらの見解を採用するかで，実際上結論が大きく変わるという事態にはなっていないようです。

❖送達

当事者が外国にいる場合の送達について，民事訴訟法は，その外国の管轄官庁かその外国に駐在している日本の大使・公使・領事に頼む形で行うことを規定しています（民事訴訟法 108 条）。

たとえば，フランスに被告がいる場合，原告が日本の裁判所に提出した訴状を，裁判長がフランス駐在の日本大使に託し，被告に送付してくれるよう頼むことになります。

ただ，常にこれらの方法に頼っていたのでは，送達する時間がかかり過ぎてしまいます。そこで，日本はハーグ国際私法会議で作られた

「民事訴訟手続に関する条約」と「民事又は商事に関する裁判上及び裁判外の文書の外国における送達及び告知に関する条約」を締結しています。また，アメリカやイギリスなどの国との間では，個別に送達に関して簡単な方法をとることができる旨の条約も結んでいます。

そこで，これらの条約が適用される範囲では，条約にしたがった簡単な方法での送達ができることになります。

❖証拠調べ

外国に住んでいる証人への尋問など，外国で行う証拠調べについても，民事訴訟法は送達の場合と同様，その外国の管轄官庁かその外国に駐在している日本の大使・公使・領事に頼む形で行うことを規定しています（民事訴訟法184条1項）。

ただ，この点についても，ハーグ国際私法会議で作られた「民事又は商事に関する外国における証拠の収集に関する条約」があり，特定の国との間では条約も結ばれていて，手続が簡便化されています。

●4●
外国判決の承認，執行

日本の裁判所が出した判決が確定した場合，日本において，その裁判で争われた事実を同じ当事者が再び争うことができなくなる効力（**既判力**）や，その判決をもとに強制執行をすることができる効力（**執行力**）が認められます。

では，外国の裁判所で出された判決（外国判決）については，日本におけるこれらの効力が認められるのでしょうか。この項では，外国判決の日本における効力について見ていきましょう。

❖外国判決の承認，執行の要件

外国判決に，自国における既判力を認めることを「外国判決の承認」といいます。また，外国判決に基づいて自国で強制執行することを「外国判決の執行」といいます。

外国判決を承認するか，外国判決の執行を認めるかは，その国の自由です。しかし，外国判決の自国での効力を一切認めないとすると，

外国の裁判所で争われた事件をもう一度自国の裁判所で繰り返さなければならないことになりますし，その結果，違う判決が出てしまう可能性もあります。したがって，外国判決の日本での効力を認める一定の必要性はあると言えるでしょう。

　一方で，判決に既判力や執行力が認められる一番の根拠は，当事者が十分に手続に参加する機会を与えられて，その結果が判決であるという点に求められます。とすると，外国判決であっても，当事者の手続が保障された結果であると認められるものであれば，日本における効力を認めてもよいと考えられます。

　そこで日本の民事訴訟法は，外国の裁判所が出した確定した判決は，以下の4つの要件をすべて満たした場合には，外国判決を承認するとしています (民事訴訟法118条)。

①その国の裁判所に，その事件について裁判を行う権利があったこと
②被告が敗訴した判決であれば，その被告にきちんと送達等がなされていたこと
③判決内容とその裁判所の手続が，日本の公序良俗に反しないこと
④相互の保証があること

　①については，日本の民事訴訟法にしたがって判断するというのが判例・通説です。

　②は，特に敗訴した当事者に対して，きちんとした手続の保障があったことを求める趣旨です。

　④の「相互の保証があること」というのは，裁判所が存在する当の外国においても同じように，日本の裁判所が出した判決を承認する制度が採用されていることを意味します。その国の裁判所では日本の裁判所が出した判決の効力は認めないというのであれば，日本でもその国の裁判所が出した判決の効力は認めないということです。

●5● 国際商事仲裁

この時間はこれまで，民事訴訟を中心とする裁判所を利用した手続について見てきました。

しかし，紛争を解決する手段は，必ずしも裁判所を利用するものに限られません。裁判所を利用しない制度の一つとして仲裁があり，国際的な取引についての紛争を解決する手段として使われることが少なくありません。

仲裁というのは，紛争の両当事者が，当事者の選んだ仲裁人が出す判断に従うという契約（仲裁契約）を結び，一定の仲裁手続にしたがって紛争を処理していく制度をいいます。裁判所を使わないことで迅速に結論が出せる，柔軟な解決がしやすい，紛争の中身について第三者に知られるおそれが少なくなる，といった利点があり，特に国際的な取引に関する紛争の処理方法として利用されることが多くなっています。

この国際的な取引に関する紛争の処理のために利用される仲裁のことを，特に「国際商事仲裁」と呼びます。この項では，国際商事仲裁について，主な問題点を簡単に見ておきましょう。

❖仲裁契約の有効性

仲裁によって紛争を処理するには，まず当事者間で仲裁契約が結ばれる必要があります。

そして，仲裁契約が結ばれた場合には，当事者が訴訟ではなく仲裁で紛争を解決することを約束したということになりますから，一方の当事者がその約束を破って訴えを提起した場合には，他方の当事者が仲裁契約を結んだことを主張すれば，その訴えは却下されます。

この場合に問題になるのは，仲裁契約が有効かどうかをどの国の法律によって判断するかです。この問題については通則法7条が適用され，当事者が指定した準拠法によって判断されることになります。

❖仲裁判断の執行

仲裁契約は仲裁人の判断に両当事者が従うことを内容とする合意で

すが，仲裁人の判断に対して不満のある当事者が，その約束を破って，判断に従わないというケースもありえます。このような場合に，仲裁判断の内容を（強制的に）執行することができるのでしょうか。

　この点については，通則法を含めた日本の法律に特に規定はありません。しかし，「外国仲裁判断の承認及び執行に関する条約」に，日本を含め，既に100カ国以上の国々が加盟しています。したがって，外国でされた仲裁判断については，外国判決よりもむしろ執行がしやすくなっています。

［用語チェック］

□ 国際的な紛争について，どの国の裁判所でそ
　れを処理する手続がとられるべきかという基準
　を〔①〕といいます。　　　　　　　　　　　①国際裁判管轄

□ 財産関係事件の国際裁判管轄について，日本
　では〔②〕で定められています。　　　　　　②民事訴訟法

□ 外国の裁判所が出した判決のことを〔③〕と　③外国判決
　いいます。

□ 〔③〕に自国における既判力を認めることを，
　〔④〕といいます。　　　　　　　　　　　　④外国判決の承認

□ 〔③〕に基づいて自国で強制執行を行うこと
　を〔⑤〕といいます。　　　　　　　　　　　⑤外国判決の執行

□ 国際的な取引に関する紛争を解決するための
　仲裁のことを〔⑥〕といいます。　　　　　　⑥国際商事仲裁

〔○×チェック〕

□1. 国際裁判管轄については，統一的な国際的　　1. ⇨P.82×
　　取り決めはなく，日本の法律に明文規定もあり
　　ません。

□2. 不法行為に関する訴えで日本の裁判所が管　　2. ⇨P.83×
　　轄権をもつには，「加害行為」と「結果発生」の場
　　所が両方とも日本国内である必要があります。

□3. 外国にいる当事者に対する送達や，外国で　　3. ⇨P.86○
　　行う証拠調べについては，民事訴訟法で，その
　　国の管轄官庁かその国に駐在している日本の大
　　使等に頼む形で行うことが規定されています。

□4. 外国にいる当事者に対する送達や，外国で　　4. アメリカやイギリ
　　行う証拠調べについて，日本は特定の国と個別　　スなどの国と，個別の
　　に条約を結ぶことはしていませんが，ハーグ国　　条約も結んでいます。
　　際私法会議で作成された条約には加入していま　　⇨P.86×
　　す。

5. 仲裁は，裁判所を利用しない紛争解決手段です。仲裁人も，当事者が指定します。⇨ P.88×

□5. 仲裁とは，紛争の両当事者が，裁判所が任命する公平な第三者である仲裁人の判断に従うことを約束して，一定の手続の下に紛争の解決を図る制度です。

5時間目
国際公法その1
序論・条約

● 1 ●
国際公法とは何か

1時間目で見たとおり，国際公法は，領域画定や国際紛争など「国」と「国」とのつながりを定めたルールでしたね。

一般的に，国際公法を国際法と言いますので，この本でも以下そのように扱います。

❖国際法主体

国際法の主体は国家です。国際社会は，現在190を超える国家によって構成されています。これら国家は，陸地を領有し，それに付随する水域や空域に対しても統治権があります。また法的には，どの国家も平等な関係にあります。

つまり，国家とは「独立の法的単位」であり，最高の法的権威を意味する主権の所有者なのです。国家については6時間目で詳しく説明します。

また，過去1世紀の間に，国際機関や個人にも国際法の主体性が与えられるようになりました。

ただし，国際機関は，加盟国により委任された行為に対してのみ，主体性が与えられます。また，個人は，国家間の合意で認められた場合のみ，主体性が与えられます。

つまり，国際機関や個人の国際法主体性は，制限されたものなのです。

国際法＝国際公法
「国」と「国」とのつながりを定めたルール。
国際法主体性は国家の他，国際機関や個人にも与えられる。

❖国際法の法源

国家の上位に立つ機関はありません。いいかえれば，国際法には，国会が策定する法律のようなものは存在しません。

つまり国際法は，国家の間の合意によって作られるルールなのです。

　国際法は，慣習国際法・条約・法の一般原則を，その法源としています。

　慣習国際法とは，ある行動が，諸外国により長年繰り返された結果，慣習として確立された法規範のことです。

　たとえばA国がある行為をしていたとします。近辺諸国がその行為を繰り返すようになります。その行為は1つの慣行として認識されるようになります。さらに国際社会全体で，その行為をすることが当然とされます。その時，A国の始めた行為は，今や「慣習国際法」であるといえます。なぜならその行為は，反復された結果，国際社会の常識として誰にでも通用するようになったからです。

　国際司法裁判所は，1969年の北大陸棚事件の中で，慣習法の設立要件として，「国家間の確立した慣行」と，「その実行が法的信念に裏付けられたものであること」の2点をあげています。下の図を見て，視覚的に慣習法成立要件を頭に刻み込んで置きましょう。

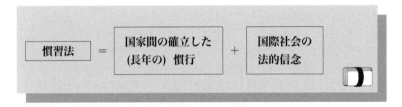

慣習法 ＝ 国家間の確立した（長年の）慣行 ＋ 国際社会の法的信念

　条約とは，国際法主体間のつながりを定めたルールが文章化されたものをいいます。日本では，印鑑を合意の証明として使いますね。国際法においても，同じことです。ただしここでは印鑑ではなく，**署名**を用います。たとえばハワイ島の掃除を日本とアメリカが日替わりでするというルールを作ることにします。このルールを文章化し，両国が署名をした場合「日米ハワイ掃除当番協定」という条約の完成です。条約については後で説明します。

　最後に，**法の一般原則**とは何か見てみましょうか。これは，どの国家でも確立している法的原則です。つまり交通標識のように，世界中どこでも同様に使用されているルールのことです。

たとえば既判力の原則（一度確定判断が下されたら，その判決は他の裁判所によって蒸し返されない）や信義則の原則（相互に相手方の信用を裏切らない）などがあります。しかし「法の一般原則」は，直接の判定基準ではありません。これは，裁判官の最後の逃げ道です。

　つまり慣習国際法や条約中に判定根拠が見つからない場合に，裁判官が，当該原則から予測される国家の合意を導き出し，それを判決根拠としているに過ぎないのです。

❖国際法の歴史

1. 伝統的国際法制度

　国際法の歴史を絵巻のようにざっと見てみましょう。

　まずは伝統的国際法制度（1648—1919）の時代です。

　私達が現在呼ぶところの「国際法（近代国際法）」は16から17世紀，国家主権の確立と同時期に近世ヨーロッパで発展を始めました。それ以前，国家関係を定めるルールは，神が作った自然の法を前提としていました。しかし，その後グロティウスにより，人の理性に基づいた現代国際法の起源が生まれました。

　そうこうしているうちに，神聖ローマ帝国を舞台に繰り広げられた三十年戦争は終結し，1648年にウェストファリア条約が締結されました。結果，神聖ローマ帝国の領邦の主権が認められ，ヨーロッパに新たなパワー・オブ・バランスが確立されました。神聖ローマ帝国という領域を超えた権力者が消え，国家がそれぞれの領域において主権を有するようになったのです。つまり「主権」「平等」に基づいた，初めての近代国家体制が成立したわけです。

　さて，独立した様々な国家から成り立つ世界を安定させるには，共通のルールを設けることが必要でした。こうして「国際法」と呼ばれる法規範が発展を始めたのです。

伝統的国際法制度とは，基本的国際法規則及び原則（領域主権・公海自由の原則・外交及び領事関係法・条約法など），戦争権の肯定そして植民地主義の是認をいいます。

2．現代国際法制度

　対して，第1次世界大戦後の1919年から現在までに作られた制度を，現代国際法制度といいます。

　現代の国際法制度は，第1次・第2次世界大戦の影響を強く受けています。この二度にわたる悲惨な経験を経て，人々の心に平和を望む心が強くなりました。その結果，平和を掲げる国際連盟続いて国際連合が創設（連盟が解散し，第2次大戦後に国際連合創設）されました。こうして武力行使の禁止と集団安全保障の制度ができたわけです。

　現代国際法の特徴は，国際社会が協調するようになったことです。たとえば，複数の国家をまたがって流れる河川や運河など，以前は国家ごとに管理されていました。しかし国際河川・国際運河制度の導入により，現在では複数の国家が一緒に管理するようになりました。

　そして，19世紀後半には，郵便，通信や交通などの国内行政問題を国際レベルで話し合うための機関が創設されました。

　さて，国際法は，新しいニーズに対応する為に発展を続けています。そのような例を次に挙げてみます。

　まず，国際機関の発達により，その数はますます増えました。そこで，それら機関に関するルールとして，国際組織法が作られました。

　また，第2次世界大戦後には，ナチスがユダヤ人に対して行った残虐行為ほかに対する反省から，人としての権利を守るべきだという声が高まりました。結果，世界人権宣言などの人権保護の制度化がなされました。

さらに，戦争責任を裁いたニュルンベルグ軍事裁判所や極東軍事裁判所では，国家ではなく，その指導をした個人を裁くべきだという動きがありました。そうして「人道に対する罪」や「平和に対する罪」が作られました。

冷戦終了後，戦時下における個人を裁く為に，安全保障理事会は旧ユーゴ国際刑事裁判所とルワンダ国際刑事裁判所を設置しました。

●2●
条約

国際社会では，国家がその最高位にあります。ですから，その国家の上に立って，彼らに適用するルールを決める立法機関はありません。そういう意味で，国際社会の成文法である「条約」と，国内の成文法である「法律」は違う，ということが分かります。

条約とは，**国際法主体間**が**同等の立場**で交わす約束ごとを**文章化**したものなのです。

❖条約法条約（ウィーン条約法条約）

20世紀前半まで，条約に関する手続きや解釈に関するルールは，慣習法という形をとっていました。しかし，条約の当事者が増えてくるにつれて，交わされた条約の効力や解釈をめぐっての争いが起き始めました。そうしてできたのが，1969年のウィーン条約法条約です。

❖条約の定義

「条約」は，文章の形式により締結され，国際法によって規律された国の間の国際的な合意をいいます（条約法条約2条）。つまり「条約」とは，文章の形式をとった国際的合意なのです。

名称は問いません（2条1項 (a)）。ですから協定，取り決め，規約または憲章と呼ばれることもあります。

❖条約の種類

実体で分類した場合，以下の8つに分けることができます。
①同盟条約・中立条約・安全保障条約などの政治的条約，②労働条約・

98

通商航海条約など，政治的ではない目的を掲げた非政治的条約，③当事国間だけを規律する特別条約，④当事国以外にも適用可能性がある一般条約，⑤一度締結されてしまったら第三国は加入できない閉鎖条約，⑥条約締結後も第三国の加入が可能な開放条約，⑦ギブ・アンド・テイクな取り決めを目的とする契約条約，⑧共通の目的を実現することを目的に掲げた立法条約があります。

実体で分類した場合
①政治的条約
②非政治的条約
③特別条約
④一般条約
⑤閉鎖条約
⑥開放条約
⑦契約条約
⑧立法条約

形式的な分類としては、国の数（2国間もしくは多数国間か）、手続き（正式の条約か簡略形式条約か）の2点で分類します。

●3●
条約締結手続き

条約締結をできるのは，**当事者能力**を持っている者です。当事者能力とは，条約を締結しその当事者となる権能を意味します。

条約当事者となるには，国際法上の主体であることが必要です。つまり**国家**です。ここでいう国家とは，**独立主権国家**のことを指します。ですから，独立していない国は無制限に条約を結ぶ能力がありません。これらの国に関しては，6時間目で詳しく説明します。

たとえば，アメリカのニューヨーク州やオハイオ州などの連邦支部国は，その立法体制に見合うもので，かつ非政治条約に限り条約を締結できます。また，フランスを宗主国とするモナコなど，被保護国の場合には保護国や宗主国が認める範囲において条約を締結できます。

また，「国際機関」も条約当事者となれます。

ただし国際機関は，国際法上，国家とイコールな立場にはありません。よって，問題となっている条約が，その構成メンバーである国家が委任した分野に関わっている場合に限り，条約当事者になります。

たとえば，世界気象機関であれば，気象に関係ある条約に限って締結ができます。

また「国家」や「国際機関」とは，ある総体の名称に過ぎません。ですから実際に条約締結交渉を行うのは，それらの意思を代弁する者です。この者を**締結者**といいます。通常は，内閣総理大臣や大統領など，国家の代表者が締結者となります。

締結者は「国家」からの委任証明が必要です。この証明書を，**全権委任状**といいます (7条)。条約交渉を始める前に，この委任状が本物かどうかのチェックがあります。チェック方法は，条約の性質によって異なります。２カ国条約の場合は委任状の交換をします。そして多数国間条約の場合は，委任状審査委員会が設置され，委任状のチェックを行います。ただし，政府のトップや外務大臣など，その職務上，既に国家を代表している人は，全権委任状は必要ありません (7条2項)。

もし万が一，上記のような権限を持たない者が条約締結をした場合，国家が当該行為を追認しなければ，なされた行為は無効です (8条)。

❖締結手続きの流れ

どうやって条約は作られるのでしょう？　締結手続きの流れを見てみましょう。

まずは全当事国参加の下，条約の内容・形式についての「**採択**」をとります (9条)。そして条約作成に参加した委任者が「**署名**」をし，ついに条約は「**確定**」となります (10条 (b))。これ以降，条約の変更・修正は認められません。「署名」は，いわば条約の内容を公式に確認しました，という証拠です。

続いて当事国は，条約に拘束されることについての同意を表明をします (11条)。その方法には，批准・受諾・承認そして加入があります (2条1項 (b))。しかし非政治的条約の場合など，署名をもって意

思表明とすることも可能です (12条1項)。また，条約構成文書の交換でも OK です (13条)。

　以前は，「批准」という締結方法がよく使われていました。**批准**とは，「文書の善し悪しを決めて同意する」という意味です。現在では，政治的重要度の高い条約を締結する際に，批准が行われます。受諾・承認は批准とほぼ同義です。ただ，手続きが批准よりも簡単です。**加入**とは，条約に署名をせずに，条約に拘束される意思を表明することです (15条)。

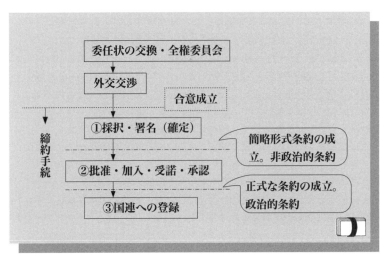

❖条約の効力

　条約自体に特段の規定がない限り，条約に拘束されることについての同意が確定的なものとなった場合に，条約の効力が生じます (24条1・2項)。同意の方法は，先ほど学んだ署名や批准などがあります。

　そして効力発生後，条約は登録のために国際連合事務局に送られます (80条1項)。つまり公表です。秘密主義は災いのもとということで，アメリカのウィルソン大統領が提唱しました。登録完了後，国際連合条約集に掲載されます (国連憲章102条1項)。

　こうして誰でも現存する条約やその内容を知ることができます。た

だし，これは完全な義務ではありません。ただ登録をしないと，国際連合機関（国際司法裁判所など）での援用はできません（同条2項）。

●4●
変更
❖変更の種類

1. 留保とは

条約の変更に当たっては，**留保**と**改正・修正**という2つの場合があります。条約法条約では，「留保」とは，条約の「特定の規定の自国への適用上その法的効果を排除しまたは変更すること」を目的に，「条約への署名，条約の批准，受諾もしくは承認又は条約への加入の際に単独で行う声明」である，と定義されています（2条1項(d)）。

つまり，条約そのものには参加したい，けれども当該条約のある部分には合意できない，という場合があります。そのような場合に，国家は条約の留保を行います。条約が留保を明示的に認めている場合は，他国からの受諾が無くても，留保は有効となります（20条1項）。

では条約の効果を全部承認することが，条約の参加条件である場合はどうなるでしょうか？ その場合は，すべての当事国からの合意が必要です（同条2項）。それ以外の場合は，他の条約締結国が一国でも留保を受諾したら留保は成立します。また，留保同意の意思は，明示的か黙示的かを問いません。

つまり，留保の通知をしてから，12か月間の間に他の当事国から異議申し立てがなければ，留保は受諾されたと考えます（同条5項）。

★留保の効果

つづいて留保の効果を見てみましょう（21条）。留保国と留保受諾国の間では，条約は修正適用されます（21条1項）。留保をしていない国同士では，留保の効果は及びません（同条2項）。また，留保の受諾拒否をした国にも条約の修正適用は起こりません。

この間，留保受諾拒否国と留保国の条約関係は続いています。ただし，もし当該拒否国が「条約全体の効果が無効だ」とする意図を表明した場合，その国と留保国の条約関係は完全に消滅します（20条4項

(b))。　「留保の撤回」はいつでもできます(22条)。

2. 条約の改正・修正

さて，条約はどのように改正・修正されるのでしょうか？　未来を完全にカバーした成文法を作ることは不可能です。ですからルールは時代のニーズに合わせて変化する必要がありますね。条約も必要に応じて改正・修正ができます (39条)。

まず，改正の提案はすべての当事国に通告されます。通告を受けた当事国は，改正交渉そして締結に参加できます。つまり義務ではありません (40条2項)。条約改正の合意をした国は，改正後の条約に拘束されます。合意をしなかった国は，改正前の条約にそのまま拘束されます (同条4項)。

改正後に当該条約に加入する国家は，特段の取り決めがない限り，新しい条約の規定に拘束されます (同条5項)。

❖効力の発生日

条約は，条約に定める日もしくは交渉国が合意する日に効力を発生します (24条1項)。もし以上のような規定が条約に盛り込まれていない場合はどうでしょうか？　すべての交渉国間で条約の内容が確定した時に，条約はその効果を発揮します (同条2項)。

さて，条約は条約締結国以外の国，つまり第三者に効果を及ぼすのでしょうか？　通常は，この第三国の合意無しに条約の効果が及ぶことはありません (34条)。ただし，条約中の規則が国際慣習法化されている場合は，締結したか否かを問わず，第三国もこのルールに拘束されます (38条)。条約が，第三国に効果を及ぼす場合には，条約の義務を課す場合そして条約の権利を付与する場合があります。

義務を課すには，条約がそのことを意図していることと，第三国が義務の受け入れを明示的に受け入れることが必要です (35条)。また，条約の当事国および第三国が合意すれば，義務の撤回・変更ができます (37条1項)。

第三国に権利を与える場合はどうでしょうか？　条約が権利の付与を意図しており，そして第三国がそれに合意すれば，当該条約の権利

はその第三国に与えられます (36条1項)。しかし，当該第三国の合意なしに撤回・変更できない，と条約に規定されていることがあります。その場合，当該第三国の合意または了解なしに，条約当事国が当該権利を撤回・変更することはできません (37条2項)。

●5●
条約の無効

以下のケースでは，条約の無効を主張できます。

①条約締結の権能に関する国内法ルールに違反した場合。ただし，違反が「明白」でありかつ「基本的な重要性」のある国内法ルールに関するものでなければなりません (46条1項)。「明白」であるとは，その違反がすべての当事国にとって「客観的に明らか」な場合をいいます (46条2項)。

②代表者が，委任された権限に課された制限を守らなかった場合。個人の独断で条約の内容を判断した場合などですね。ただし，この制限は，他の当事国に通告されている必要があります (47条)。

③錯誤。条約締結時の事実を誤って理解しており，もしそれを知っていたなら条約の締結をしなかった場合です (48条1項)。

④詐欺。相手国の詐欺行為の結果，条約が締結された場合です (49条)。

⑤買収。当該国家の代表者が買収されていたことが明るみになった場合です (50条)。

ただし，以上の無効理由で，条約が自動的にその効果を失うわけではありません。単に，これらを条約の無効原因として**援用できる**だけです。他の当事国には，その主張を受け入れる義務はありません。

無効の根拠として援用できる原因
①条約締結の権能に関する国内法ルールに違反した場合
②代表者が，委任された権限に課された制限を守らなかった場合
③錯誤
④詐欺
⑤買収

　これに対して，次の３つの行為があった場合，条約は無効となります。

　①強制・脅迫。つまり代表者に対する個人的な脅迫（51条）です。身体的脅迫・不行を元にした脅迫，家族に対する脅迫があります。

　②国に対する強制。特に武力行使を指します（52条）。

　③一般国際法規との抵触。たとえば「奴隷売買の禁止」や「集団殺害の禁止」といった強行規範を指します（53条）。

当然に無効となる原因
①強制・脅迫
②国に対する強制
③一般国際法規との抵触

❖終了・運用停止

　条約の効力がなくなることを終了といいます。次の場合に条約は終了します。

　まずは，条約に終了規定が定めてある場合，もしくは当事者が終了に合意した場合（54条）です。条約に規定がない場合は，当事国が脱退や廃棄の可能性を意図していた場合（56条1項），廃棄・脱退をその12ヶ月前に当事国に通告していた場合（56条2項），新条約が締結された場合（59条）にも条約は終了します。

また，条約違反の結果 (60条) や後発的履行不能 (61条) を無効原因として援用できます。後発的履行不能とは，条約の対象物が永久に消滅した場合などです。たとえば，くじらが絶滅したら，くじら協定の存在意味がなくなりますから，この条約は消滅します。

　さらに，事情の根本的変化，つまり条約締結当時と状況・事実が根本的に変化し，条約の定めたルールの遵守が不可能な場合 (62条)，外交・領事関係の断絶 (63条) や一般国際法の新しい強行規範が成立 (64条) した場合にも条約は終了します。現行の強行規範には，武力禁止，ジェノサイドそして奴隷売買の禁止などがあります。

条約の終了・運用停止
①条約に終了規定がある，もしくは当事者が終了に合意した場合
②当事国が脱退や廃棄の可能性を意図していた場合
③廃棄・脱退をその 12 ヶ月前に当事国に通告していた場合
④新条約が締結された場合
⑤条約違反の結果
⑥後発的履行不能
⑦事情の根本的変化
⑧外交・領事関係の断絶
⑨一般国際法の新しい強行規範が成立

●6●
解釈・適用
❖条約の解釈者

　条約とは，ルールの原則を文章化したものです。ですからこれら基本原則は，実際に適用される際に，問題となっているケースに見合った解釈がなされます。

条約 (枠組み)

解釈 (実際に適用されるルールの創設)

　さて，条約の解釈権者は誰でしょうか？　国家は，誰からも縛られない独立した存在です。よって自らが条約解釈を行う能力を持っています。しかし，条約は複数の国家を拘束するルールです。ですから，その解釈を巡って，争いが起きます。

　そういう場合，国際司法裁判所が解釈の最終決定をおこないます。第三者による客観的な判断に頼るというわけですね。つまり，最初の解釈者は「国家」で，必要とあれば，「国際裁判所」が最終的な解釈を行うということです。

　解釈方法は，条約法条約31条1項に載っています。まずは「誠実」に解釈を行うこと。その際は，「通常の意味」に従い解釈すること。ここで言う「通常の意味」とは，条約の「文脈」に沿い，かつ条約の「趣旨および目的に照らし合せて与えられる」意味のことです。

　さらに，上記以外にも考慮されるべき要素があります。同条の3項です。締結後になされた解釈または適用に関する当事者間の合意，締結後にできた条約解釈に関する慣行で当事国間の合意と考えられるもの，そして当事者関係に関する国際法の関連規則です。

❖条約が複数言語の場合

　2つ以上の言語で確定された条約の場合，その解釈はどうなるのでしょうか？　条約は複数の国家をまたがったものです。ですから，複数の言語で，条約が作成されることはよくあります。既に学んだように，国家はその大小・貧富にかかわらず平等です。言語も同じです。どんな言語も同じ権威があります。では，特定の言語の条文を使うことが，条約で定められている時はどうでしょう？　その場合は，指定された言語が用いられます (33条1項)。

❖条約の適用

さて，最後に条約の適用について見てみましょう。条約は，時間を遡ってその効果を発揮することはできません。これを**条約の不遡及**(28条) といいます。つまり条約に明記されている以外は，通常，条約は効力発生前の行為・事実には適用されません。

また，当事国は一度効力を発揮した条約を**誠実に遂行する義務**があります (26条)。「合意は守られなければならない」という法原則を前提としています。

条約の適用に関して，**後法優位の原則**と**特別法優位の原則**という2つの一般原則が大切です。「後法は前法を廃す」という原則があります。これが後法優位の原則です。複数の条約の当事国が同じ場合があるとします。それら条約を同時に適用すると矛盾がある場合，新しいルールが優先されます。また，以上のようなケースで，複数の条約関係が一般法と特別法の場合があります。その際，特別法を優先して用います。これを特別法優位の原則といいます。

ただし，これらの原則を超える原則があります。国連憲章103条に基づく，**憲章義務の優先**です。憲章の定めた義務と他の国際協定が定めた義務が両立しない場合があるとします。その際，憲章に基づく義務が優先されます。では，条約と国内法の関係はどうなっているのでしょうか？ 条約法では，国際法が国内法より優先されます。これを**国際法優位の原則**といいます。よって，国内法の規定を理由に条約の履行を怠ることはできません (27条)。

[用語チェック]

①文章の形式
②国際法
③国
④合意
⑤協定
⑥取り決め
⑦規約
⑧憲章
⑨当事者能力
⑩国際法上の主体
⑪独立主権国家
⑫国際機関
⑬締結者
⑭全権委任状
⑮採択
⑯署名
⑰確定
⑱批准
⑲加入
⑳受諾
㉑承認
㉒登録
㉓国際連合事務局
㉔留保
㉕強制
㉖脅迫
㉗一般国際法規との抵触
㉘不遡及
㉙誠実に遂行する

- □ 「条約」とは，〔①〕により締結され，〔②〕によって規律された〔③〕の間の国際的な〔④〕をいいます。
- □ 条約は文章化された国際的な合意であり，〔⑤〕・〔⑥〕・〔⑦〕・〔⑧〕とも呼ばれます。
- □ 条約締結を行うことができるのは，〔⑨〕を保持する者のみです。
- □ 〔⑩〕のみが条約締結能力者となることができます。つまり〔⑪〕，また場合によっては〔⑫〕です。
- □ 実際の条約手続きは，条約締結能力者の意思を代表する〔⑬〕によって行われます。この際能力委任証明の証拠となるのが，〔⑭〕です。
- □ 簡略形式条約が完成するまでの手続きは次のとおりです。外交交渉の結果，合意に至った場合，当事国は条約の内容そして形式に関しての〔⑮〕をとります。そして交渉に参加した締結者が〔⑯〕をし，条約は〔⑰〕となります。
- □ 正式条約の場合，条約確定後，当事国は当該条約に拘束される意思を表明します。〔⑱〕・〔⑲〕・〔⑳〕・〔㉑〕の方法があります。成立した条約は，〔㉒〕の為に，〔㉓〕に送られます。
- □ 条約自体には賛成だけれど，そのある特定の条項にはどうしても拘束されたくない場合，当該国家は条約の〔㉔〕をすることができます。
- □ 〔㉕〕・〔㉖〕・〔㉗〕の存在が確認された場合，当該条約は無効になります。
- □ 条約は〔㉘〕です。つまり時間を遡ってその効果を発揮することはできません。また当事者は，条約の適用を〔㉙〕という国際的義務があ

りRDF。
□ 条約適用に際して，〔㉚〕と〔㉛〕という2 つの一般原則があります。

㉚後法優位の原則
㉛特別法優位の原則

〔○×チェック〕

□1. 個人でも条約を締結することができる。

□2. 既に効果が発生しているとしても，当事国 は条約の合意内容を変更することができます。

□3. 条約の対象となっていた「物」が消滅して も，一度発行した条約はその効果を発揮し続け ます。

□4. 条約締結当時在った国内状況が変わり，条 約の遵守が不可能な場合，当該条約は終了しま す。

□5. 条約当事国間の外交関係が断絶した場合， 条約は自動的に終了となります。

□6. 条約の解釈権は，国際裁判所のみが保持し ています。

□7. 条約当事国は，その条約内容が自国に不都 合な場合，これを履行する必要はありません。

□8. 国内法と国際法が抵触した場合，国内法規 が優先されます。

1. ⇨P.99×

2. 留保と改正・修正 という方法があります。 ⇨P.102○

3.「後発的履行不可能」 にあたります。 ⇨P.106×

4.「事情の根本的変化」 といいます。 ⇨P.106○

5. ⇨P.106○

6. ⇨P.107×

7. 当事国は条約を 「誠実に遵守」する義 務があります。⇨P. 108×

8. ⇨P.108×

6時間目
国際公法その2
国家・国家領域「陸」
「海」「空」・宇宙空間

❶▶国家とは

国家は国際法の主体

　「国家」は国際社会を担う最高の存在です。しかし，国家とは一体何なのでしょうか？　ここでは，国際法を学ぶ上で，常に付き合うことになる「国家」について理解を深めていきます。

　国際法主体とは，国際法において法的人格を有するものをいいます。国内法では，私人または法人です。では，国際法上の主体は誰でしょう？　国家，国際機関そして個人が国際法の主体です。しかし，これら3つは法的にイコールではありません。国家は，国際法において常に当事者能力を有しています。これに対して国際機構や個人は，国家の合意がある事項に対してのみ，国際法の当事者となり得ます。

　つまり，国家は唯一本来的な国際法の主体であり，国際機関や個人は，国家の権能を反射的に享受している派生的主体なのです。

❖国家の構成と種類

　国家の構成要素は，永久的住民，領域そして政府です。「永久的住民」とは，「国民」のことです。この場合，定住している者を指します。領域とは，領土（陸）のことです。海や空ではありません。そして「政府」とは「領域内」の「国民」を統治する組織です。

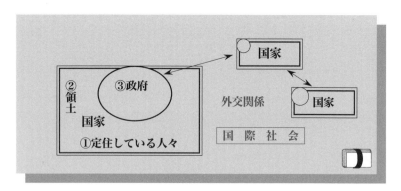

「国家」とは，外交能力を独立して保持し行使する存在だということは分かりました。しかし国家には，完全な独立主権を有しない国家も存在します。下の図を見てください。このように複数国家が対等の立場で結合している国家を**並列的国家結合**といいます。連邦，国家連合などがこれに当てはまります。

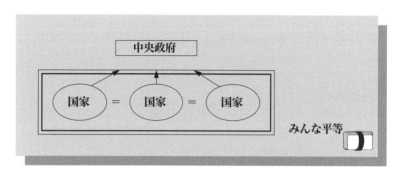

中央政府

国家　＝　国家　＝　国家

みんな平等

　アメリカやドイツそしてスイスなどは並列的国家結合です。複数の支分国により形成された国家です。これら支分国に主権はありません。中央政府である連邦国のみが主権を持ち，無制限に外交関係を執り行う権限があります。　　　　州　などです

　これに対し，国家連合は，複数国家が条約によって結合したものです。過去には，アラブ連合共和国（エジプト＋シリア），セネガンビア国家連合（セネガル＋ガンビア）がありました。また条約によって異なる国家が結びつき，一方が外交能力を制限されている国を**従属的国家連合**といいます。保護国や従属国です。

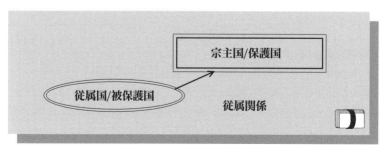

宗主国/保護国

従属国/被保護国

従属関係

これらはいわゆる強国と弱国の関係にあります。強国が保護国であり，弱国が被保護国となります。たとえば，日本は1905年から10年まで韓国の保護国でした。モナコは現在もフランスを保護国としています。

従属関係とは，国家の一部が独立しようとする段階で，本国が認めた場合に成り立ちます。本国を宗主国といい，独立しようとする一部を従属国といいます。従属国の外交能力は，宗主国により制限されています。ですから被保護国も従属国も半主権国家です。

●2● 国家の承認

❖国家の成立

国家は，いつ「国家」となるのでしょう？　**国家承認**の性質に関して，学術上，**創設効果説**と**宣言的効果説**という2つの立場が対立してきました。創設効果説とは，外国からの承認により「国家」が成立するという説です。対して宣言的効果説は，第三者の承認がなくても，国家としての要件がそろえば「国家」は成立するとする説です。

また，武力による威嚇など，違法な形で作られた国家は承認しないという主義のこと**不承認主義（スティムソン主義）**といいます。さらに第2次大戦後，国連は違法に行われた国家の独立を不承認する要請を，加盟国に対して行いました。この呼びかけにより，南ローデシアや北部キプロス共和国は承認を与えられませんでした。これを集合的不承認といいます。

通常外国は，実効的な国家が確立したと認められる場合にのみ，承認を与えます。それ以外の承認は**尚早の承認**となります。国際法上，禁止されています。

❖国家承認の形式

承認の仕方は，ケース・バイ・ケースです。明示的でも，黙示的でもかまいません。承認の意思をはっきりと表明することを**明示的承認**といいます。これに対して2国間条約の締結や大使館の設置など，相手を国家として承認していなければできない行為がありますね。その

行為をもって「承認」とすることを**黙示的承認**といいます。

通常，国家承認は個別的になされます。しかし，数カ国が共同で新国家に承認を与えることもできます。これを**集団的承認**といいます。

また，承認の形式に関して，法律上の承認を行う場合と事実上の承認を行う場合があります。

法律上の承認とは，後で撤回のできない承認のことをいいます。対して事実上の承認は，後で撤回できます。ですから，新国家が十分に確立されていない時など，一時的に行われます。

国家承認がなされた場合に生ずる法的効果とは何でしょうか？それは国際法の主体と認められることです。つまり，国際法上の権利を主張し，義務を負担するようになります。ただし，承認を認めていない国に対して，国際法上の権利を主張することはできません。逆に，その国から義務を課されることもありません。

国内法との関係においてはどうでしょうか？　外国の出訴権や裁判権免除などを享受するようになります。

❖政府の承認

内戦やクーデターが起きたとします。旧政府が叛徒により倒されました。そして国内法の定めた正規の手続きを踏まずに，新しい政府が成立しました。その際，第三国はその新政府に承認を与えることができます。これを政府の承認といいます。政府承認に関して，各々の国家は異なる態度を執ってきました。代表的な政策を次に挙げます。

非合法な手段の末できた新政府は承認しない，という政策を，**トバール主義**といいます。また外国政府が新政府の適否を判断するのは内政干渉であるとする政策を，**エストラーダ主義**といいます。

また，80年代に入り，イギリスを始めとする欧米諸国は，政府承認の廃止を表明しました。イギリスの政府不承認宣言は，イギリスがガーナ新政権やポルポト新政府など，人道から離れた政策を掲げる政府を承認したことに対する国民の非難が原因となっています。

新政府承認の要件は，新政府が実効的な支配を確立していることです。「実効的」とは，外国と結んだルールの遂行や国内安全保障の維持など，国家としての権能を実際に行う能力を意味します。この要件

が満たされていない場合の承認は，尚早の承認となります。

政府承認の形式は国家承認と同じです。

次に，政府承認から生じる効果とは何でしょうか？　承認により，当該政府は国際社会の代表者として認められ，国際法上の権利や責任が帰属する存在となります。つまり停止していた外交関係が復活するのです。

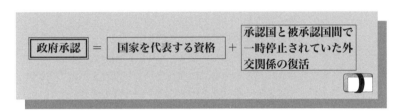

| 政府承認 | = | 国家を代表する資格 | + | 承認国と被承認国間で一時停止されていた外交関係の復活 |

では，政府承認が与えられなかった場合，その国家の地位はどうなるのでしょうか？　政府の承認は，国家設立の必須条件ではありません。ですから，新政府として承認されなかった場合も，国家の国際法上での地位は変わりません。つまり，国家の形態が同一である限り，第三国はたとえ新政府の承認をしていなくても，その国家が国際法により保証されている権利を侵害してはいけません。

❖交戦団体の承認

交戦団体とは，国内の武力紛争（内乱など）の際に，反乱軍により組織化された，一定地域に実効的支配力を有する政府のことです。

たとえばアメリカ南北戦争の南部軍です。また日本でも，明治政府に対抗して榎本武揚が作った蝦夷共和国があります。

しかし，なぜ反乱軍を承認するのでしょうか？　まず国家には，その国の安全と利益を保護する義務があります。また，内乱終了後，その責任を負うべきものが明らかになります。一方第三国も，当該国家の領土にある自国の利益を保護する義務があります。

通常交戦団体が，国土の一地域をその支配下に置き，正規軍を相手に事実上の「戦争」を行っている場合，国際的な承認が与えられます。しかし内政干渉を避ける為，第三国はその地域に保護すべき利益があ

る場合に限り承認を与えます。以上の要件が確認されない時の承認は，尚早の承認になります。

　交戦団体承認の効果は次の通りです。承認された反乱軍は，国際法の主体となります。よって，国際戦時法（後述）が適用されるようになります。また，交戦団体は，承認国の利益そして国民の安全を保障する義務を負います。これらの義務を破った場合，国際法の主体として，国際責任（後述）を追及されます。反乱軍を承認した第三国は，中立の立場を守ります。

　正統国家が反乱軍を承認した場合，国際交戦法規を適用します。つまり捕まえた反乱軍は，国内刑法上の犯罪人ではなく，「捕虜」として国際法上の地位が与えられます。逆にいえば，正統国家が反乱軍の承認をしなかった場合，当該反乱軍は国内刑法を適用されます。

●3●
国家の権利・義務・権能
❖新国家成立時の権利・義務の承継

　先行国（旧国家）に帰属していた国際関係上の責任が承継国（新国家）に代わることを，**国家承継**といいます（条約についての国家承継に関するウィーン条約第2条(b)）。どんな時に国家承継が行われるのでしょうか？　それは，領域の移転が行われた場合です。

　まず，ある国の領域の一部，またはその国が責任を担っていた領域が他国の領域の一部となった場合（同条約15条），または承継国が先行国と元々従属関係にあり，独立を果たした場合（16条），そして複数の国家が結合する場合または分離する場合（31条）です。

　このとき先行国の締結した条約はどうなるのでしょうか？　新独立国は，先行国が締結していた条約を維持する義務はありません（16条）。これを，**クリーンスレイトの原則**といいます。領域の一部に関する継承や国家の結合・分離に関する承継の場合，先行国の条約は，継続されます（15条・32条）。

　いずれの場合も、境界画定などの領域的制度はそのまま継続されます（11条）。

では，先行国の財産は承継されるのでしょうか？ 国際慣習法では，動産・不動産を含めたすべての国家財産は，承継国に受け継がれることになります。1983年の「国家の財産，公文書及び債務についての国家承継に関するウィーン条約」もこの原則を確認しています。

国家財産とは，財産，権利，利益を指します（8条）。国家文書は，別段の合意がない限り，そのまま受け継がれます（20条）。

❖国家の権能

国家は，その領域そして国民に対して最高の管轄権を持っています。また同時に，外国に対しても，誰からの干渉も受けない独立した存在です。この国家の唯一最高性を裏付けるのが，**国家平等の原則**です。

国連は「すべての加盟国の主権平等」をその原則として掲げています（国連憲章2条1項）。

貧富・大小に関係なく，どの国も一様に国際法から生じる義務や権利が帰属するという法の下の平等，どの国も，平等に国際法定立に参加するという形式的平等，そしてどの国も自由に平等の条約を結べるという実質的平等があります。

つづいて国家の免責権を見ていきましょう。政治的にせよ経済的にせよ，国家が他国と直接の関係を持つ時があります。その際，当該国家の主権が遵守されるべく，国家は免責措置を保証されています。

国家の免責権は，外国の領域に在る財産や，外国から対抗された法的行為を守ることができます。また国家は，他の国家に訴えられることはありません。これを，**裁判免除権**といいます。ただし，商業取引や，労働契約が問題になっている場合，国家は裁判免除権を行使できません。

また国家の主権が遵守される為，国際社会において一番守られるべきは，**国内問題不干渉**の義務です。国際法のルールが適用されない国内事項に関して，他国は口をはさんではいけないということです。

ただし，条約で定められている場合や国際法の違反がある場合は，合法的な「干渉」とされます。たとえば，国連憲章第7章そして8章は，外国がある国家の内乱に介入できる場合を意図しています。また，その際の法的根拠として援用されています。

❷►国家領域「陸」「海」「空」

●1●
国家領土と権原
❖領土と国家

国家の領域を構成するのは領土・領水・領空です。その中で，最も重要・基本的なものが領土です。たしかに，人間の行動のほとんどは，陸地に集中していますね。漁業や航空飛行など，海や空で行われる人間の活動も，陸を基点として行われています。また領空も領海の幅も，領土から測ります。

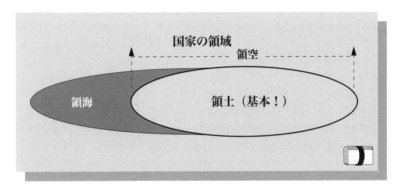

❖国家の陸に対する権限

国家が，領土に対して有する権利を，**領土主権**もしくは**領域主権**といいます。領域主権とは，国家がその領域内の物・人に対して持つ最高かつ排他的な管轄権のことです。領域主権の性質に関しては，客体説（所有権説）と空間説（権限説）という2つの学説が有力とされてきました。

客体説は，国家は領土を所有しており，その領土を自由に使用し処分できるとする説。つまり国家を地主ととらえていますね。対して空間説は，領土という空間において，国家はその支配力を自由に行使できるとする説です。

しかし国家主権を行使する自由は無制限ではありません。他国に損害を及ぼしたら、国際責任を追及されます。この原則は、アラバマ号事件（1872年）やコルフ海峡事件（1949年）の中で明確にされました。

❖領域権原

　国家がある土地を法律上または事実上領有したとします。その領有権を正当化するための理由を**権原**といいます。

　領域権原の取得は、2つに大別できます。まずいずれの国も領有していない地域を獲得する**原始取得**です。そして外国が持っていたある地域に対する領有権が承継され、取得されるのが**承継取得**です。国際法上領域権原と認められている権原は以下のものです。

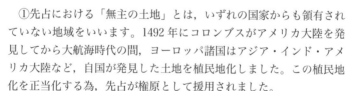

領域権原
①**先占**：無主の土地を取得し、自国の支配下に置くこと
②**割譲**：条約などに基づき、国家の領土の一部を、自らの意思で他国に譲り渡すこと
③**併合**：国家の領土全部を他国に譲り渡すこと
④**時効**：国家が外国の領域を長期間統治した結果、自然な成り行きとしてその土地に対する領有権を取得すること
⑤**添付**：自然現象により起きた領土の増加の結果、その土地を領有すること
⑥**征服**：戦争など武力行使の結果、外国領地を獲得すること

　①先占における「無主の土地」とは、いずれの国家からも領有されていない地域をいいます。1492年にコロンブスがアメリカ大陸を発見してから大航海時代の間、ヨーロッパ諸国はアジア・インド・アメリカ大陸など、自国が発見した土地を植民地化しました。この植民地化を正当化する為、先占が権原として援用されました。

　先占の成立要件は、伝統的な国家の機能を行使するなど、その土地に対する**実効的な支配**を表明することです。

④時効について国際法は，時効成立期間についてのルールを定めていません。他国が当該領有を黙認するようになった時に，時効は権原として成立します。

⑤添付の例としては，河口・海岸の土砂の堆積や，海底の隆起などの結果できた土地があります。また，海岸の埋立地の形成など，人工的な添付もあります。

⑥征服は，現在は武力行使禁止の原則により禁止されています（国連憲章1条）。

●2●
領土の画定
❖領土画定の流れ

国境とは，隣接する国と国との境目です。法的には，国家主権の及ぶ限界のことです。国境線を画定するには異なる行程を踏まなければなりません。まずは，領土の境界を関係諸国家（隣国など）と決定します。これにより国家権力の及ぶ範囲が定められます。

次に，画定された境界の線引きをします。そして実際に地上の境界に，杭などで標示を施します。これを**境界画定**といいます。

これら領土の画定に対する関係諸国の双方の合意は，通常条約という形をとります。しかし，領土画定に関する条約や，それに代わる合意の解釈をめぐっての国際紛争が起きることがあります。

タイとカンボジア間で起きた1962年のプレア・ビヘア寺院事件では，両国の間に位置する寺院の領域主権に関する受諾宣言の無効性が争われました。また時効を権原とした領有など，条約や合意がない場合も争いが起きます。

そのような場合，領有権を主張する国は，自国が実効的支配を及ぼしていたとする証拠を裁判所に提出します。その比較を行った結果，地域での支配力が大きい方に領有権は帰属するとされています。

たとえば1933年の東部グリーンランド事件や1953年のマンキエ・エクレオ事件などです。

国家は，国境線を自由な方法で決める権利があります。確かに，国際法は線の引き方に関する特別なルールを定めていません。ですから

国家は，各々山脈や河川などの自然条件などを考慮して国境線を決めることができます。

ここで，国境画定の際に重要な原則を学んでいただきましょう。ウッティ・ポシデティス原則です。これは独立後も，当該新独立国は，独立前に使用していた国境線を維持できるというものです。南米アメリカの旧スペイン領で初めて適用されました。

国際司法裁判所は，1986年のマリ・ブルキナファソ国境紛争事件において，この原則は「一般的原則」であり，独立国の国境画定が問題となる場合は，世界中どこでも適用できると明確にしました。

❖国際運河と国際河川

国際運河と国際河川は，沿岸国の主権が及ぶと共に，国際航行の自由が保障されています。そういう意味で，次に学ぶ領海に似ています。「国際運河」とは，2つの公海を結ぶ国際海洋連絡路です。スエズ運河，パナマ運河，キール運河などが有名ですね。ここで，代表的な例を次に挙げてみます。

まずは，**スエズ運河**です。1869年に，フランス人レセップスにより開掘されたエジプトの国有運河です。紅海と地中海を結びます。1888年の**コンスタンティノープル条約**により，外国船も自由に通航できるようになりました。

Constantinople Treaty

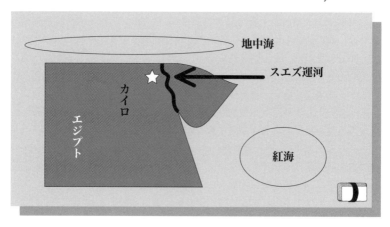

次に**パナマ運河**を見ていただきましょう。これは大西洋（カリブ海）と太平洋を結ぶ運河です。1903年の**ヘイ＝バリラ条約**で，航行の自由が保障されました。長年アメリカの管理下に置かれていましたが，1977年のパナマ運河条約そしてパナマ運河永久中立と運営に関する条約により，1999年12月31日に，パナマ共和国に返還されました。

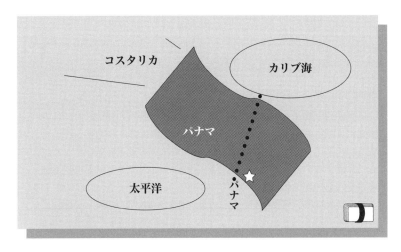

　国際河川の要件は，まず複数の国家の領域をまたがっていること，そしてその河川が航行可能であることとされています。**1815年のウィーン会議**では，ヨーロッパ国際運河に関する一般原則が定められました。これにより，今まで，沿岸国に排他的に使用されていた河川が，非沿岸国にも開かれました。河川の国際化の始まりです。
　そうして1920年代，国際司法裁判所も，ダニューブ河委員会に関する判決やオデール国際委員会に関する判決の中で，こうした河の国際化を再確認しました。国際河川には，ドナウ河，ライン河，ニジェール川，コンゴ川などがあります。たとえばドナウ河（ダニューブ河）はドイツから始まり，オーストリア，スロヴァキア，ハンガリー，クロアチア，セルビア，ルーマニア，ブルガリア，モルドヴァ，ウクライナ計10か国を通り，黒海に流れ込みます。

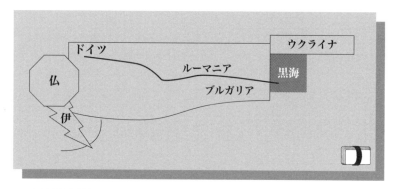

❖信託統治地域と非自治地域

　信託統治制度下におかれた地域を，信託統治地域といいます。この制度は，未独立地域の統治にも国際的監督を及ぼすものです。その地域住民の自治・独立の援助を目的としています（国連憲章の第12章）。これは第1次世界大戦後の，植民地を管理する国際連盟の**委任統治制度**を受け継いだものです。

　第2次大戦後，植民地ではないけれど自治が確立していない地域も，国連の管理下に置かれました。これを，非自治地域といいます（国連憲章の第11章）。

●3●
海の支配権
❖海洋法の歴史

　歴史を紐解いてみると，海の支配権をめぐっては，「海洋の支配」と「海洋の自由」という2つの考えが対立してきました。まずは，海洋支配の時代です。次の図を見て，大まかな流れを捉えましょう。

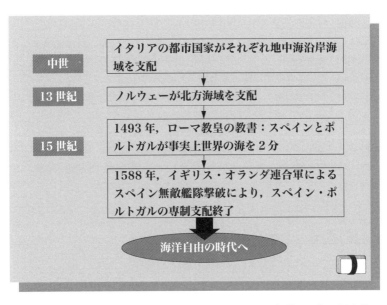

学説においても，海はみんなのものであるという説と，海は個人的に所有できるとする説が対立していました。

グロティウス「自由海論」：海は永久に人類が共有すべきものであり，国家や個人に領有されない
セルデン「閉鎖海論」：物理的に可能な限り，海の私的領有が慣行として認められるべき

18世紀に入ってから，**海洋法の発達**が始まります。国家は，領海や排他的水域を設定するようになりました。20世紀に入ると，海洋は無法地帯となります。当時，科学技術が発展し，深海底を開発する可能性が生まれました。結果，各国の海洋資源に対する関心が高まり，領海を越えた沿岸資源に対する権限を主張し始めたのです。

このような状況を解決する為，国際連合は，3回に渡る海洋法会議

を開催しました。第1次海洋法会議では，4つの海洋法条約が採択されました。領海及び接続水域に関する条約（領海条約），公海に関する条約（公海条約），漁業及び公海の生物資源の保存に関する条約（漁業条約）そして大陸棚に関する条約（大陸棚条約）です。

　この当時一番問題になっていたのは領海の幅でした。第2次海洋法会議でも，この点についての合意は得られませんでした。結局1973年第3次海洋法会議で，ついに領海の幅についての合意が得られたのです。そうして1982年に**海洋法に関する国際連合条約（国連海洋法条約）**が採択されます。それまでの4条約と異なる点は，海洋国・先進国だけではなく，発展途上国の声も考慮している点です。

●4●
海の区分

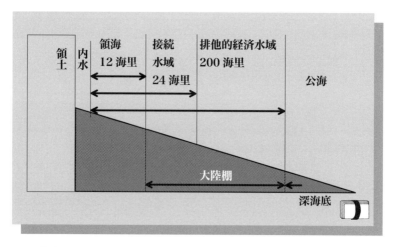

1．内水

　内水とは沿岸に隣接する領海までの水域のことです。港湾・内海・河川・湖水など，**領海基線**の陸地側の水域のこと（海洋法条約8条1項）です。基線とは，沿岸国が公認する**低潮線**（汐により海水面が最も低くなったときの陸地と海水面との境界）のことです（海洋法条約5条）。

126

また，海岸線が激しく曲折しているか，海岸に沿って一連の島が点在している時は，**直接基線**を使います（海洋法条約7条1項）。

国際司法裁判所は，1951年のノルウェー漁業事件において，「低潮線上の適当な点を選び，それを直線で結んだもの」と定義しています。これは，「領海帯は，沿岸の一般方向に従わなければならない」という国際法の原則を前提にしています。

ただし，引かれた基線は，陸地と十分に密接な関連を持たなければなりません（7条3項）。またその地域に特有な経済的利益を証明できる場合，それを線引きの考慮として援用できます（7条5項）。

「河口」や「湾」の場合は，海とは別の基線の引き方をします（9条・10条）。しかし，10条の定めたルールは，**歴史的湾**には適用されません。歴史的湾とは，伝統的に沿岸国の領有権が及ぶとされる湾のことです（10条6項）。

内水の法的地位はどうなるのでしょう。歴史的に，内水は国家領域と同一視されてきました。ですから，海洋法条約においても，沿岸国は内水に対して領域主権を持つとされています（2条1項）。つまり，沿岸国は自国の内水を使用する外国船舶の自由を制限できます。

また外国船舶は，**私船**と**公船**に大別できます。私船とは，商船または商業目的を持った政府船舶のことです。私船の場合，国内秩序の維持や保健衛生などの理由以外，沿岸国はその船舶の内水入港を拒否できません（1923年ジュネーヴ「海港の国際制度に関する条約及び規程」2条）。しかし，これら船舶は沿岸国の管轄権下に置かれます。

対して，公船とは軍艦，非商業目的を持った船舶や政府船舶のことです（海洋法条約第2部第3節C）。これら船舶が内水に入る場合，沿岸国の定めるルールに従わなければなりません。ただし，沿岸国の管轄権下には置かれません。

2．領海

領海とは，12海里（1海里＝1,853メートル）以内で，沿岸国が領有できる水域のことです（海洋法条約3条）。領海には，沿岸国の主権原則が適用されます（2条）。つまり，沿岸国は関税や環境保護などの刑事管轄権だけでなく，漁業や天然資源の採掘などの経済的管轄権も

排他的に行使できます (1986年ニカラグア事件)。

　領海の特徴といえるべき点は，外国船舶に**無害通航権**が認められていることです (17条)。

無害通航権：外国船舶が，ある国の領海を，その国に妨害されることなく通過する (通航する) 権利のこと。その際，外国船舶は，沿岸国の平和・秩序・安全を害することなく (19条)，通航は継続的かつ迅速に行わなければならない (18条2項)。

　潜水艦は，海上面を航行し，かつその旗を掲げなければいけません (20条)。無害通航権を保障する一方，沿岸国は領海における無害通航に関する法令を制定できます。「無害通航に係る法令」の例は，21条1項に明記されています。外国船舶は，勿論これら法令を遵守しなければいけません。

　さらに沿岸国は自国を守る為，**保護権**を認められています (25条)。たとえば無害ではない通航を防止するため，必要な措置をとることができます。また自国の安全保障の為にやむをえない場合は，当該船舶の通航を一時的に停止することもできます。

　ただし沿岸国は，無害通航を否定もしくは妨害したり，特定国の国の船舶とその他の国の船舶を事実上もしくは法律上の差別をしたりしてはいけません (24条)。

　外国船舶が無害に通行するとはどういう意味でしょうか？　海洋法条約は，その第19条1項に，「沿岸国の平和，秩序又は安全を害しない限り，無害とする」と定義しています。また同条2項に無害通航とみなされない活動を列記しています。たとえば，武力による威嚇・武力行使，兵器を用いる訓練，漁獲活動などです。

　沿岸国は，**シーレーン**や**分離通航方式**を採用し，危険物質を積載している船舶に対して，指定された水域の運航を強制できます (22条)。

3. 国際海峡

国際海峡とは，「公海または排他的経済水域の一部分と，公海または排他的経済水域の他の部分との間にあり，国際航行に使用される」水域のことです (37条)。 *2つの領土の間、公海と公海を結ぶ海峡です。*

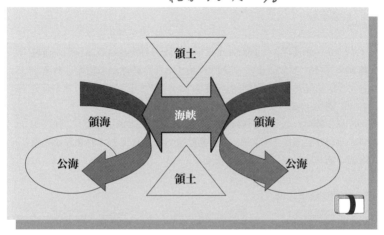

国際海峡の特徴は，海外船舶に**通過通航権**が認められていることです (38条)。<u>通過通航権とは，船舶・航空機が国際海峡において，航行及び上空飛行の自由を行使できる権利のことをいいます。</u>

海洋法会議の際に，海峡を国際航行の要衝として使用してきた海洋国と，領有権の行使，通航の規制に制限がかけられることを恐れた沿岸国との間で，海峡の法的地位をめぐる争いがありました。ですから海洋法条約では，沿岸国に配慮しつつも，海外船舶の通行を保障するために認められたのです。

ただし，その際の通過は，<u>継続的かつ迅速に行われなければなりません</u> (同条2項)。また，沿岸国は必要に応じて，通過通航権を行使できる通航路を国際海峡内に指定することができます (41条)。

上記37条にいう<u>国際海峡以外の海峡では，無害通航権のみが認め</u>られています。たとえば，公海または排他的経済領域の一部と他国の領海を結ぶ海峡（アカバ湾入り口のチラシ海），本土とその島国の間の

海峡（コルフ海峡）です。

　ただし海峡における無害通航権は，外国船舶が領海で保障されているそれよりも強い保障をされています。事実，海峡において，沿岸国は無害通航中の船舶を一時停止することはできません（45条2項）。

4．群島水域

　群島水域とは，群島国家に帰属する水域のことです。フィリピンやインドネシアなど，全体が一または二以上の群島からなる国家を**群島国家**（46条）といいます。群島水域は，群島基線から測定されます（48条）。群島基線とは，群島の外端を結ぶ線です。ただし，その長さは100海里を超えてはいけません（47条）。

　群島主権は，上空，海底および深海底の資源におよびます（49条2項）。水域内では，外国船は無害通航権（52条）そして**群島航路帯通行権**が認められています（53条，54条）。

5．排他的経済水域

　排他的経済水域とは，領海基線から測って200海里以内に設定できる水域のことをいいます（57条）。領海とも公海とも異なる法的地位を認められています。海洋法条約における排他的経済水域の規定は，沿岸国の主権と他国の自由を両立させるものとなっています。

　たとえば他国は，航行・上空飛行・海底電線および海底パイプラインの敷設などの活動を行う自由を認められています（58条）。

　対して沿岸国は，経済水域の海底・地下・上部水域のいっさいの生物・非生物資源の探査・開発・保存・管理および同水域のその他の経済的活動に関して，そして海洋汚染・科学調査について管轄権を行使できます（56条）。

> 排他的経済水域は、領海的性質と公海的性質を組み合わせた法的地位が与えられているということですね。

6．大陸棚

　大陸棚とは，領海の外側にある海面下の区域の海底及びその下のことです（76条）。「海の区域」の図を参考にして下さい。

　ただし，大陸棚の幅は，領海基線から図って200海里を越えてはい

けません。ですから，排他的経済水域の海底及びその下が大陸棚ということですね。また，上部水域の水深は，200mまでまたは天然資源の開発可能な所までと規定されています（大陸棚条約1条）。

　大陸棚には，その豊かな経済的天然資源をめぐる各国の争いの歴史があります。ですからここでその歴史的背景を見ていきましょう。

　国際法における「大陸棚」という概念の誕生は，1945年9月28日の**トルーマン宣言**に遡ります。トルーマン宣言は，大陸棚に関する基本的原則を創設しました。第1に大陸棚に対し沿岸国はその排他的権限を行使するということ。第2に外国船舶は沿岸国に妨害されること無く大陸棚上部の水域を通航できるということ。第3に大陸棚が数か国にまたがる場合は当該諸国の合意の下その範囲を確定するということです。

　1958年に締結された「大陸棚条約」もこの宣言の影響を受けています。そうして諸国はこの宣言の後に続き，大陸棚に対する管轄権の主張を始めました。

　さらに，国際司法裁判所も1969年の北海大陸棚事件において沿岸国が大陸棚に管轄権を持つことを認めました。沿岸国が大陸棚をその管轄下に置くことは，もはや国際慣習法となったのです。

　しかし，大陸棚の幅に対する国際ルールは確立されていませんでした。大陸棚は200海里以内，というルールがついに定められたのは，第3次海洋法会議においてでした。

　次に大陸棚の境界線はどのように引かれるのか見ていきましょう。問題となるのは，2つ以上の国家が向かい合っている，または隣接している海岸を有する場合です。解決の基本となるのは，大陸棚条約6条と海洋法条約の83条です。大陸棚条約は，両国の合意により決定され，合意がない場合は<u>等距離基準</u>に照らし合わせて境界線とすると定めています。

それぞれの国の領海基線上，最も近い点から等しい距離をとった線

　しかし，北海大陸棚事件以来，国際司法裁判所はこのルールを援用していません。北海大陸棚事件判旨によると「衡平原則に基づいた合意」の下，境界線を画定するとしています。また海洋法条約でも「衡平な解決」方法を採用しています。隣接する場合には等距離線を，向

かい合う場合には中間点をとるというルールです (83条)。

さらに国際司法裁判所は，衡平な結果を生み出す為「あらゆる関連事情」を考慮すべきであるとしています (1977年英仏大陸棚事件，1982年チュニジア・リビア大陸棚事件)。このように衡平に境界画定を行うべきとする原則を**衡平の原則**といいます。

最後に大陸棚における法的管轄権を見ましょう。大陸棚条約によると，沿岸国は大陸棚の探査，そしてその天然資源を開発するための主権的な権利を認められています (2条1項)。また沿岸国の権利は領土主権に由来しており，国家が「当然にかつ最初から」保持している権利です (北海大陸棚事件)。つまり排他的権利であって，先占または明示的宣言に依存するものではありません (2条3項)。

上述したように，沿岸国の管轄権は慣習法規化されたルールです。ですから大陸棚条約に加盟していない国家にも，このルールは適用されます。

7. 公海

公海とは国家管轄権の及ばない水域のことです。つまり排他的経済水域，内水，領海または群島水域を除いた海洋のすべてのことです (86条)。公海は**自由の原則**が認められています。

なぜなら，公海では「いかなる国も，公海のいずれかの部分をその主権の下に置くこと」を主張できませんし (89条)，公海は「すべての国に開放」されているからです (87条)。

ではこの「自由」とは何でしょうか？ 航行の自由・上空飛行の自由・海底電線および海底パイプランを敷設する自由・人工島その他の施設建設の自由そして科学調査の為の利用の自由 (87条) のことをいいます。また公海は，平和目的の為のみに使用されなければなりません (88条)。

しかしここでいう「平和的」とは，非侵略のことであって，非軍事の意味ではありません。たとえば1974年のフランス核実験事件において，国際司法裁判所は核実験自体は「非平和的」ではないと述べました。

次に公海における刑事管轄権の配分を見ていきましょう。原則として公海上の船舶は，その旗国の専制的管轄権下に置かれます（92条）。

　これを**旗国主義**といいます。旗国とは船が登録をした国です。船は登録した国の国旗を掲げなければなりません。しかし他国にも当該船を取り締まる権限が認められる場合があります。

　ただし，干渉の対象となる船舶は私船だけです。軍艦または政府の非商業船舶は旗国の管轄権のみに従います（95条，96条）。

　ではどのような場合に他国に管轄権が生じるのでしょうか？　国旗を掲げていない船，海賊行為を行っている船，または奴隷取引に従事している船など，不審な船があるとします。その場合船舶内の文書の検閲そして船舶そのものを検査することができます。これを**臨検する権利**といいます（110条）。

　海賊行為を行っている船舶または海賊の支配下にある<u>船を拿捕し，財産を押収できます</u>（105条）。麻薬不正取引や許可を得ていない放送を防止するために，各国は捜査に協力できます（108条，109条）。外国船が沿岸国の法令違反をし，公海に逃げたとします。その際もし当該沿岸国が領海から追跡を始めていたなら，そのまま公海でも追跡を続けられます（111条）。**追跡権**といいます。

8．接続水域

　接続水域とは，領海と公海の間を接続する水域のことです。その幅は領海基線より24海里までとされています（33条2項）。接続水域内では沿岸国には**規制権限**が認められています。しかしその規制は，<u>関税・財政・移民（出入国管理）・衛生分野</u>に限ります。

9．深海底

　深海底とは「国の管轄権が及ぶ区域の境界の外側の海底およびその下」のことです（1条1項（1））。つまり排他的経済水域の外側，大陸棚に近接した海底部分ですね。　*126ページの図を参照。*

　深海底には，国家の管轄権と自由使用が認められている他の海洋水域とは異なる法的地位が与えられています。

　深海底をめぐる歴史的経緯を見ていきましょう。深海底に特別な法

的地位を与える発端となったのは，1967年の国連総会でした。マルタ共和国の国連大使パルドが，深海底を「**人類の共同遺産**」とすることそして深海底の開発を国際制度化することを提案したのです。この提案は，大部分の発展途上国に支持されました。

この現象は，1970年にアメリカが「人類の共同遺産」というコンセプトを受け入れたことで拍車がかかりました。そうして同年締結された**深海底を律する原則宣言** (総会決議2749) においてこのコンセプトは初めて成文化されたのです。

さらに1982年に採択された海洋法条約も，深海底における資源は誰にも領有されない「人類の共同遺産」であること (136条)，そしてすべての国の平和的目的のために利用されることを宣言しています (141条)。深海底は、真の「国際化」がなされた唯一の空間です。

ではこの結果，深海底で適用される原則とは何でしょうか。

国家の領域主権の主張および行使は禁止です。そしていずれの国家，自然人・法人も深海底またはその資源を，所有権そして使用権の対象とはできません (137条1項)。さらに，海底は平和と安全の維持，そして国際協力の促進の為に使用されなくてはいけません (138条)。

続いて深海底国際管理制度のメカニズムを見ていきましょう。深海底は人類の共同遺産です。ですから深海底の資源の管理は，**国際海底機構**が主権平等の原則の下で行っています (157条3項)。加盟国すべてに平等な利益をもたらすシステムになっているのです。

国際海底機構は，海洋法条約により設立されました (156条1項)。機構は，総会，理事会，事務局，そしてエンタープライズから成っています。深海底の開発は，第1に機構の事業体であるエンタープライズが行う場合，第2に機構と提携する締約国，締約国の国籍を有する企業などが機構と契約を結んで行う場合があります (153条)。

これをパラレル方式といいます。この方式は発展途上国と機構そして先進国の間のバランスをとることが目的です。事実144条には，深海底開発の為の技術をエンタープライズおよび発展途上国に移転することが義務づけられています。

● 5 ●
海洋法条約締結国の義務と権利
❖海洋環境の保護・保全

　海洋法条約締結国は，海洋環境の保護そして保全の義務があります
(192条)。汚染の種類は次のとおりです。

①陸にある発生源からの汚染 (207条)
②海底における活動からの汚染 (208条)
③深海底における活動からの汚染 (209条)
④投棄による汚染 (210条)
⑤船舶からの汚染 (211条)
⑥大気からの汚染 (212条)

　さてここでもまた管轄権の問題です。外国船舶がある国の領海で汚
染を起こした場合，当該沿岸国はその船舶に対して何らかの措置を執
ることができるのでしょうか？　海洋法条約では以下のように管轄権
の配分を定めています。

　旗国には，海洋汚染防止に関する国際規則・基準を実施するために
必要な法令を確定そして執行する義務があります (211条2項，217条)。

　沿岸国は，船舶起因汚染の防止・削減・抑制をするために，国内法
及び規則を作り (211条4・5項)，執行することができます (220条)。

　寄航国は，停舶している船が国際規則，または基準に違反した船舶
起因汚染をしている場合のみ，当該外国船に対して調査を行うことが
できます。また，自国の港もしくは内水に入る外国船に対して，汚染
防止の為の条件を課すことができます。

　しかし，当該国は，その条件を公示し，権限のある国際機関に通知
しなければなりません (211条3項)。

❖科学調査

　海洋法条約は，その240条で，**海洋の科学的調査の実施のための一**

般原則（平和目的のために行われること，海洋法条約に反しない調査手段や方法を用いることなど）を定めています。

第3次海洋法会議では，科学調査の自由を主張する国と沿岸国の排他的管轄権を主張する国の間で対立がありました。その結果，海洋法条約では，両者のバランスを考慮した規定が定められています。

沿岸国は領海だけでなく，経済水域または大陸棚においても，科学調査を規制，許可あるいは指導する権限を有しています（246条2項）。ですから，これらの水域で活動を行う外国は，沿岸国の許可が必要です。一方，当該外国の調査活動が平和的目的のために行われる場合，沿岸国は調査許可を与える義務があります（246条3項）。

❖紛争解決

まず当事国は，手続き方法を自由に選ぶことができます（279条・280条）。もし選んだ方法で解決に至らなかった場合，いずれかの当事国の申し出によって司法的解決に委ねられます。

紛争の付託先は，国際海洋司法裁判所・国際司法裁判所・仲裁裁判所もしくは特別仲裁裁判所の中から自由に選べます（287条1項）。また，裁判所は，**暫定措置**をとる権限が認められています。これにより裁判所は，旗国の要請に応じて，沿岸国に不当に抑留されている船舶を，直ちに釈放させることができます（292条）。

● 6 ●
領空と国際空域

空は国際法によって，①領土と領海上空の**領空**②公海上空の**公空**③大気圏外の**宇宙空間**に分けられています。宇宙空間にはユニークな法的規則が定められているので，後で詳しく説明します。

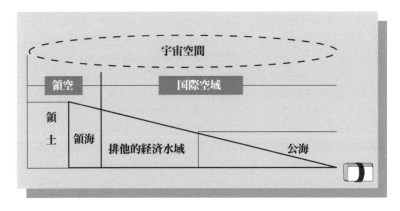

1903年12月17日，ライト兄弟は人類史上初，有人動力飛行に成功しました。人間と空の長い付き合いの幕開けです。空の国際法は，科学技術の発展と共に確立し発展を始めました。

★領空と国際空域

領空とは，領土そして領海の上空のことです。そして国際空域とは，排他的経済水域そして公海の上空のことです。

国家は領域上の空域を領有するか，あるいは外国の航空機に開放されるべきか？「陸」や「海」と同様，「空域主権」は空の立法作業過程の焦点でした。また興味深い点は，「空」の場合，国家の慣習から国際法規が生まれたのではないという点です。

❖空の国際法規構築の歴史

1901年，フランス国際法学者のフォーシィユが初めて「空域領有権」の問題を提起しました。ナイスとウェストレークという2人の学者もその後を続きました。ナイスは空域の絶対自由を提唱し，対するウェストレークは空域の領有化を提唱しました。

国家が乗り出したのは1910年のことです。国家は通常，国際法成文化の伝統的主役ですからこれは異例といえますね。この年，初の国際航空会議が開催されました。結果，国際航空条約の草案が作成されましたが，合意は得られませんでした。

空の法規が未完成のまま，第1次世界大戦を迎えました。軍用機の実用化など，技術は進歩していきます。大戦終了後の1919年，勝戦国を中心にして，ついに**パリ国際航空条約**が締結されました。空に関する初めての一般国際法規化です。

　この条約は主権問題に終止符を打ちました。その1条において，国家はその領域上の空間において「**絶対かつ排他的な管轄権**」を有することを宣言したのです。しかし第1次大戦勝利国に有利な内容であり，元敵国には厳しい制限が課されていました。

　その後も航空技術は一段と発展しました。飛行機の信用性も上がり，普通輸送にも使用されるようになりました。そのようにして，空での民間航空機の活動を守る必要性を，国家は感じ始めました。

　1944年12月7日，第2回目の国際航空会議がシカゴで開催されました。パリ条約を廃棄する**国際民間航空条約（シカゴ条約）**が採択されました。国際民間航空制度の確立です。同時に，国際航空業務通過協定と国際航空運送協定が当該条約の付属協定として締結されました。

❖領空の法的地位

　領域の上空には，沿岸国の絶対かつ排他的な管轄権が与えられています（シカゴ条約1条）。

　国際司法裁判所は1986年のニカラグア事件の際に，領域国家に領空における規制を課す自由があることを確認しました。またこの原則は，海洋法条約2条2項でも再確認されています。

　しかし領空には，領海よりさらに強い管轄権が認められています。ですから領空には，無害通航権に類似する権利は認められていません。

　国際法上，航空機は国の航空機と民間航空機に類別され，その法的ルールも区別されています。順を追って見ていきましょう。

　国の航空機とは，「軍，税関及び警察の業務に用いる航空機」のことです（シカゴ条約3条(b)）。国際司法裁判所は，ニカラグア事件の中で，国家は自国の主権を侵害する外国の「国の航空機」の飛行を迎撃し，着陸要求を行うことができると述べています。

　つまり外国領空において，「国の航空機」はその飛行の許可を当該国にもらい，かつ定められた条件に従わなければならないのです。

民間航空機はどうでしょうか？　領空では，領域国の主権下に置かれ，その国が定める航空規則に従わなければなりません（12条）。ただし船舶や自動車と同じように，民間航空機は**登録した国の国籍**を所有します。ですから航空機内の人・物・事項には，登録国の管轄権が及びます。

　また領空を侵した民間航空機に対しては，領域国は無制限に報復措置を執ることはできません。航空機内における人命を脅かしてはいけません。さらに当該民間航空機が航空の許可を得ていない，またはシカゴ条約違反を犯しているという確信がある場合以外，着陸要求をできません（3条の2）。

　ところで私達が海外旅行に行く際，飛行機を使いますね。このような**定期国際航空業務**の運航には，外国の領空に乗り入れる自由が当然必要です。それではこれら航空機に，他国の領空を飛行する「自由」は実際認められているのでしょうか？

　先ほどの2つのシカゴ条約付属協定は，これら定期国際航空が他国の領空を飛行する自由を定めています。これらの自由権は**商業航空権**と呼ばれています。

　国際航空業務通過協定は2つの自由を定めているので，2つの自由協定といわれ，国際航空運送協定は5つの自由を定めているので5つの自由協定といわれています。その内容は次の通りです。

　まず他国領地に着陸することなく領空を横断する**上空通過の自由**，そして運輸以外の目的で着陸する**技術着陸の自由**です。これらは，2つの協定に共通して定められている自由です。

　対して国際航空運送協定だけに定められているのが以下の3つです。第1に自国内で積み込んだ旅客・貨物・郵便物を相手国の領域内で積み卸す自由。第2に自国向けの旅客・貨物・郵便物を相手国の領域で積み込む自由。そして第3に相手国の領域内で第三国の領域に向かう旅客・貨物・郵便物を積み込み，または第三国で積んだ旅客・貨物・郵便物を相手国の領域内で積み卸す**第三国間輸送の自由**です（国際航空運送協定1条）。

　しかし，5つの自由協定に加盟している国はほんの僅かです。です

から定期航空の他国領域乗り入れは，通常 2 国間協定に基づいて保障
されています。

1946 年にアメリカとイギリスの間で結ばれた**バミューダー協定**は，
それ以降に結ばれた 2 国間協定のスタンダードとして使われています。

さらにここで皆さんに知っておいていただきたいことがあります。
ここでいう定期航空運送とは，自国から他国領域を行き来する国際航
空運送のことです。ですから海外航空会社は，他国の領内で国内運送
業務を営む自由は認められていません（シカゴ条約 7 条）。これを**カボ
タージュ**といいます。

スペインの 航空会社は、名古屋空港と
成田空港間の定期運行業務を行う
ことはできないということです。

❖国際空域における自由

各締約国は，国際空域において，シカゴ条約に基づいた法令を自由
に制定できます（12 条）。つまり国際空域を航行している航空機は，
結局は向かっている方向に一番近い国のコントロールに従わなければ
ならないのです。ですから，公海のような，本当の国際化はなされな
かったといえます。

❸▶宇宙空間

●1●
宇宙の定義と空間利用の歴史

　宇宙は地球を観察することができる唯一の場所です。言い換えれば，他国の領域を覗くことができるということです。その意味で宇宙は，国家の重要な戦略空間となっています。

　ですから国際社会は，当初から宇宙空間を人類のために開放すべきことに合意しました。そうでなければ宇宙を独り占めした国が世界を牛耳ることになってしまいます。宇宙の国際法は国際協力をそのゴールにおいています。また宇宙の国際法は空間を規制するものではなく，そこで行われる活動を規制するルールです。

❖宇宙の定義

　地球の大気圏外の空間領域のことです。正確には地表から100〜110 km を超える地点を宇宙空間と称します。

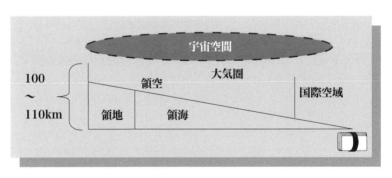

❖人類と宇宙

　人類が宇宙へ進出するという構想は，19 世紀の SF 作家ジュール・ヴェルヌの小説に既に登場していました。しかし実現化を目指した研究が始まったのは，ほんの 20 世紀初期のことです。

　1957 年，ソ連の人工衛星スプートニク 1 号の打ち上げ成功により，

人類は初めて宇宙空間に辿りつきました。続く1961年ソ連は宇宙の有人飛行に成功しました。冷戦の一環としてのアメリカ対ソ連のスペース・レースの幕開けです。1969年にはアメリカが人を月に送りました。アポロ11号のアームストロング船長です。その当時，宇宙開発は米ソ2大国の独占でした。

その後70年代にはいってから，やっとヨーロッパ，日本，そして中国が宇宙開発に乗り出しました。現在ではインド，ブラジル，韓国，イランなども宇宙開発に積極的です。

当初，宇宙は軍事利用をその主な目的としていました。しかしヨーロッパや日本などの参入により，宇宙は商業的目的や天気予報や環境保全などの公共サービスの為にも利用されるようになりました。

また科学技術の進歩によって，80年代からは，民間企業も宇宙活動に参加し始めました。皆さんの中にもテレビの衛星放送を利用している方がいらっしゃるでしょう。このような商業衛星の打ち上げは，アリアンスペースやインテルサットといった民間企業が行っています。

❖宇宙の国際法立法作業

1958年のスプートニク1号打ち上げ成功の数ヵ月後，宇宙の米ソ独占を危惧した国連総会は，**宇宙空間平和利用委員会** (Comittee on the Peaceful Uses of Outer Space - COPUOS) を設置しました。COPUOS は，宇宙空間の平和利用のための実際的方法及び法律問題等の検討をその任務としています。

その翌年の1959年，同委員会の要請により，国連は宇宙の探査及び平和的利用の為の国際協力におけるフォーカルポイントとなりました。このように現在に至るまで，宇宙の法規ルールの創設は国連を中心に行われています。現在 COPUOS の加盟国は宇宙大国を含めた67カ国に上ります。

①宇宙活動に関する主な条約

1966 年 **宇宙条約**：「宇宙憲章」ともいえる存在です。宇宙活動における基本原則を定めています。

1967 年 **宇宙救助返還協定**：宇宙飛行士そして宇宙に打ち上げられた物体が地球上に戻ってくる際の措置を定めています。緊急着陸の場合，締約国は宇宙飛行士に援助を与える義務を創設しました。

1971 年 **宇宙損害責任条約**：一般法以上に厳格な国際責任を定めています。

1974 年 **宇宙物体登録条約**：宇宙に打ち上げられた物体の登録国に課される義務を定めています。

1979 年 **月その他の天体における国家活動を律する協定（月協定）**：月は「人類の共同遺産」であると宣言しました。締約国は多くありません。

②法政策文書

1963 年 **宇宙空間の探査及び利用における国家活動に関する法原則宣言**：宇宙活動が全人類の共同の利益のために自由かつ平等に行われるべきことを宣言しました。1967 年の宇宙条約の基本となる原則を定めました。

1982 年 **国際的な直接テレビ放送の為の人工地球衛星の国家による使用を律する原則**：自国の境界を越えた地域でも傍受の可能性があるテレビ番組について定めています。

1986 年 **リモートセンシング法原則宣言**：地球観測をする際に適用される原則を定めています。

1992 年 **宇宙空間における原子力電源の使用に関する原則**：宇宙空間に原子力電源を打ち上げる際の注意点を定めています。

1996 年 **発展途上国を含めたすべての締約国の為の宇宙の探査及び利用における国際協力に関する宣言**：これは法的な効果は持ちませんが，宇宙条約の基本原則を再確認しています。

2

宇宙活動の法原則

1. 空間利用の大原則

宇宙空間を利用する際に遵守すべき大原則として，**占有禁止の原則**と**非軍事化の原則**があります。それぞれ見ていきましょう。

占有禁止の原則とは，月その他を含む宇宙空間において，国家は主権の主張をできないという原則です。ですから，宇宙は国家の取得権の対象ともなり得ません（宇宙条約2条）。宇宙空間はすべての締約国に開放されているのです。

次に非軍事化の原則です。宇宙条約3条によると，宇宙空間は平和利用されなければなりません。ですから化学兵器や核兵器など大量破壊兵器の打ち上げ，ならびにそれらを軌道に設置することは禁じられています（4条）。しかし逆に言うと，機関銃などの武器の利用は禁止されていないということがいえますね。

これに対して月の場合，絶対的な平和利用が義務付けられています。第1に月におけるいかなる武力の行使もしくは敵対行為は禁止です（月協定3条2項）。第2に大量破壊兵器を搭載した物体を月の軌道に設置してはいけません（同条3項）。第3に月面上に軍事施設を設置することならびに軍事演習を行うことも禁止です（同条4項）。

2. 裁判管轄権とコントロール

宇宙物体に対する管轄権は，海の章で学んだような配分をされていません。宇宙に対する主権が認められていない以上，当然ともいえます。ですから地球上でも，宇宙空間もしくは天体上にある間でも，宇宙物体およびその乗員は，登録をした国家の管轄下に置かれます。

当該国を**登録国**といいます。また宇宙物体の所有権は，地球に帰還しても登録国に帰属します。さらに宇宙物体が，他国の領域で発見されたとしても，その物体は当事国に返還されます（宇宙条約8条）。

どんな場合でも、登録国の司法権下に置かれるということです。

3. 国家の宇宙活動に対する法規制

国家は，宇宙空間を領有できない代わりに，**探査・利用の自由**が認

められています（宇宙条約1条）。**立ち入りの自由，探査する自由，利用する自由**という3つが保障されています。またどの国家も，その経済発展レベルにかかわらず，差別なくこれらの自由を享受することができます。

　ただし国家には，**環境保全**の義務があります。つまり宇宙空間の探査，利用をする際に，宇宙空間を汚染してはいけません。また地球外物質の導入から生ずる地球の環境悪化を避けなければなりません（宇宙条約9条，月協定7条）。

4．国際協力に関する原則

　国際協力推進のために，宇宙法は国際法の遵守，協力及び相互援助，情報の提供・公表，そして宇宙飛行士への援助を定めています。順を追って見ていきましょう。

　宇宙活動の目的は人類に共同利益をもたらすことです（宇宙条約前文）。ですから，まず締約国は，国連憲章を含む国際法に従って，国際協力の促進の為に宇宙活動を行わなければなりません（宇宙条約3条）。

　またその探査および利用は，協力及び相互援助の原則に従って行われなければなりません（宇宙条約3条，月協定4条）。さらに締約国は宇宙活動に関する情報の相互交換をすることを奨励されています。

　ただし，先ほど見たように，宇宙は国家戦略の空間です。ですから国家安全保障に関する内容も多く，情報交換は義務ではありません。各国から寄せられた情報は，国連事務総長により公開されます（宇宙条約11条，月協定5条）。

　最後に宇宙飛行士は，国を超えた，宇宙空間への人類の使節です（宇宙条約5条）。ですから締約国は，事故，遭難または緊急着陸の際に，宇宙飛行士にすべての可能な援助を与えなければなりません。

　また自国以外の領域に着陸した宇宙飛行士は，宇宙飛行機の登録国に速やかに送還されることを保障されています。

　宇宙飛行士を保護した国は、当該飛行士に尋問をしたり、登録国に補償の支払請求をしたりすることはできません。

5. 国家責任

締約国は，自国の領域から行われたすべての宇宙活動の**国際的責任**を負います。国家は宇宙空間における民間団体の活動を，**継続的に監督**する義務があります（宇宙条約6条）。

さらに締約国は，自国の領域又は施設から発射された物体が与えた損害に対しても国際的責任を負います。損害発生の場所は地球上でも，大気空間もしくは宇宙空間でもかまいません。また損害の対象は第三国，その自然人か法人かを問いません（7条）。

また宇宙損害責任条約は，打ち上げ国が**客観的責任**を負うことを定めています。つまり宇宙物体によって引き起こされた第三国への損害は，打ち上げ国に**過失があったか否かを問わず**，当該国の責任となるということです（宇宙損害責任条約2条，4条1項 (a)）。

ただし他国の宇宙物体に，地表以外で損害を与えた場合は当事国に責任を負うべきことが証明される場合に限り，責任を負います（3条，4条1項 (b)）。

6. 紛争処理

宇宙物体により引き起こされた損害に対する賠償請求は，**外交的手段**を通してなされなければなりません（宇宙損害責任条約9条）。しかし外交的手段により解決がなされない場合，**請求委員会**を設置して解決を試みることができます（同条約14〜20条）。ただしこれは義務ではありません。

［用語チェック］

①永久的住民
②領域
③政府
④創設効果説
⑤宣言的効果説
⑥交戦団体の承認
⑦国内問題不干渉の義務
⑧領土主権
⑨領域主権
⑩権原
⑪先占
⑫割譲
⑬併合
⑭時効
⑮添付
⑯ウッティ・ポシデティス原則
⑰海洋法会議
⑱国連海洋法条約
⑲内水
⑳領海
㉑排他的経済水域
㉒公海
㉓接続水域
㉔大陸棚
㉕深海底
㉖無害通航権
㉗継続的
㉘迅速

□　国家の構成要素は，〔①〕，〔②〕そして〔③〕です。

□　国家承認の性質に関して〔④〕そして〔⑤〕という2つの学説が，有力とされてきました。

□　内乱の際に，反乱軍に国際法主体性を与えることを〔⑥〕といいます。

□　国家の独立主権を守るため，各国は他国の内政に口を出さないという，〔⑦〕を負っています。

□　国家が領土に対して有する権利を〔⑧〕もしくは〔⑨〕といいます。

□　国家の領有権を正当化するための法的根拠を〔⑩〕といいます。国際法上領有〔⑩〕として認められているのは〔⑪〕・〔⑫〕・〔⑬〕・〔⑭〕・〔⑮〕です。

□　国境画定の際に考慮されるべき国際法の一般原則を〔⑯〕といいます。

□　20世紀を迎えて海の法規制化を目指し，3回に渡る〔⑰〕が開催されました。1982年には，領海の幅を定めた〔⑱〕が採択されました。

□　海は法的に〔⑲〕・〔⑳〕・〔㉑〕・〔㉒〕・〔㉓〕・〔㉔〕・〔㉕〕に分類されています。

□　外国船は，ある国の領海を妨害されることなく通行できるという〔㉖〕を有しています。ただし外国船は〔㉗〕かつ〔㉘〕に通行しなければなりません。

□　1945年の〔㉙〕により初めて大陸棚に関する基本理念が提唱されました。

□　公海の刑事管轄権は〔㉚〕の専制的管轄権下に置かれています。

□　非司法的方法で解決にいたらなかった場合，当事者は〔㉛〕，〔㉜〕，〔㉝〕又は〔㉞〕に紛争解決を付託することができます。

□　空は国際法によって，領土と領海上空の〔㉟〕，公海〔排他的経済水域を含む〕上空の〔㊱〕，大気圏外の〔㊲〕に分類されています。

□　空に関する中心的な国際法規は1944年の〔㊳〕条約です。またこの条約の付属議定書として，〔㊴〕と〔㊵〕が締結されました。

□　定期国際航空が他国の領空を自由に飛行する権利を〔㊶〕といいます。

□　1966年に締結された宇宙条約は，宇宙活動における基本原則を定めています。1967年の〔㊷〕は宇宙飛行士そして宇宙に打ち上げられた物体が地球上に戻ってくる際の措置を定めています。1971年の〔㊸〕は，一般法以上に厳格な国際責任を定めています。

□　宇宙空間を利用する際〔㊹〕と〔㊺〕という2つの基本原則を遵守しなければなりません。

□　国家は宇宙空間を領有できない代わりに〔㊻〕・〔㊼〕・〔㊽〕という3つの自由を保障されています。

□　宇宙物体による損害賠償責任問題が外交的手段により解決されない場合，紛争当事国は〔㊾〕を設立し解決を付託することができます。

㉙トルーマン宣言
㉚旗国
㉛国際海洋司法裁判所
㉜国際司法裁判所
㉝仲裁裁判所
㉞特別仲裁裁判所
㉟領空
㊱公空
㊲宇宙空間
㊳シカゴ国際民間航空
㊴国際航空業務通過協定
㊵国際航空運送協定
㊶商業航空権
㊷宇宙救助返還協定
㊸宇宙損害責任条約

㊹占有禁止の原則
㊺非軍事化の原則

㊻立ち入りの自由
㊼探査する自由
㊽利用する自由
㊾請求委員会

〔○×チェック〕

□1．従属国が宗主国から独立を果たした場合，当該国は宗主国の結んでいた条約を承継しなければなりません。

□2．領海とは12海里以内で，沿岸国が領有できる水域のことです。

□3．大陸棚の天然資源に関する管轄権は，海洋

1．クリーンスレイトの原則といいます。⇨P.117×

2．⇨P.127○

3．⇨P.131○

法条約の締約国のみが享有できます。

4. 自由の原則に基づ
き，公海の所有は禁止
されています。⇨P.
132×

5. ⇨P.133○

6. 国際民間航空条約
1条⇨P.138○

7. 登録国に帰属しま
す。⇨P.144×

8. 国家は民間団体の
行う宇宙活動を，「継
続的に監督」する義務
があります。⇨P.146
○

□4. 公海の管理権は国際連合が保持しています。

□5. 公海上で奴隷取引の疑いがある船舶を発見
しました。当該船舶の検査を行う為には，旗国
の許可が必要です。

□6. 国家はその領域上の空間において，「絶対か
つ排他的な管轄権」を保持しています。

□7. 宇宙空間に対して，国家はその主権を及ぼ
すことができません。ですから宇宙物体の管轄
権は，国際連合に帰属しています。

□8. 宇宙活動を実際に行ったのが民間団体だと
しても，第三者に損害が生じた場合，責任を負
うのは国家です。

7時間目
国際公法その3
個人・国際犯罪・国際機構・国家責任

●1● 個人

国際法において，個人とは「自然人」と「法人」双方を指します。伝統的国際法において，個人は国際法主体性の対象とはなっていませんでした。しかし第2次世界大戦を経て，国際社会の構造は根本的に変わりました。国際連合が設立され，社会経済発展，平和創設，非植民地主義に基づいた新しい国際社会システムが作られたのです。

そうして個人にも国際社会の一員として重要な地位が与えられました。人権法，人道法，経済発展分野において，個人は国際保障の対象となっています。

❖国籍とは

国籍とは，個人と国家を結びつける絆です。国籍を根拠として，個人は特定国家からの権利を享受し義務を課されるのです。国籍を取得する権利は保障された人権です (世界人権宣言15条1項)。

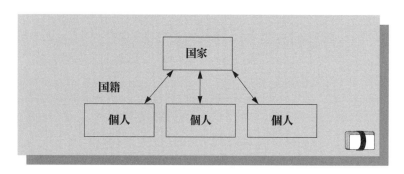

古代・中世では，国家は自国の国籍を持つものだけに管轄権を行使できました。つまり地理的条件にかかわらず，人々は地球上どこにいても本国からの保護・管理を受けていたのです。

しかし現在では難民や移民も増え，国家は自国領域にいる外国人にもその管轄権を及ぼすことができます。

1．国籍の取得

国籍は国内事項です。つまり当事国のみが当該個人に自国の国籍を付与するかどうかの決定を下すことができます（1930年ハーグ国籍条約1条，2条）。

このように国家に国籍授与に関する権限がある一方で，個人にも国籍離脱または国籍変更の自由が認められています。これを**国籍自由の原則**（世界人権宣言15条2項）といいます。わが国でも憲法22条2項において国籍自由の原則が定められています。

国籍取得方法に関しては，出生による国籍取得の場合と，出生後の原因による国籍取得の場合があります。しかし統一されたルールは確立されておらず，各国は独自の政策を掲げています。

2．国籍の生来取得

子が誕生した場合，その子は両親の血統，もしくは出生地を考慮して国籍を与えられます。自国民から生まれた子に自国の国籍の取得を認めるという政策を**血統主義**といいます。日本，ドイツ，韓国，フランスなどがこの政策をとっています。

自国領域で生まれた子に自国の国籍の取得を認めるという政策を**生地主義**といいます。両親の国籍は関係ありません。アメリカ，アイルランド，ブラジル，チリなどがこの政策をとっています。

これら政策の違いから，**国籍の抵触**という問題が起きます。複数の国籍を保持する場合を，重国籍または積極的抵触といいます。これに対して国籍を全く持たない者を，無国籍または消極的抵触といいます。

重国籍は，たとえば日本人とフランス人がブラジルで子を生んだ場合です。その子は血統主義によりフランスと日本の国籍を取得すると共に，出生地であるブラジルの国籍も取得します。

無国籍は，たとえばアメリカ人夫婦が日本を旅行中に子を産んだ場合です。その子は血統主義に基づいても，生地主義に基づいても国籍を取得できません。

さて国籍の抵触により起こる問題とは何でしょうか？　国籍が無いということは，どの国からの保護も受けられないということです。そして複数の国籍を保持するとは，兵役などの義務を複数の国家に対し

て負うということです。法的安定を欠いていますね。

　ですからこのような状況を避ける為に，**国籍唯一の原則**が立法上の理想とされています。つまり一人の個人はひとつの国籍をということです。

　ただ現状は各国の国籍法を統一することが難しいので，どの国も例外規定を設けることで諸問題を調整しています。わが国においても憲法10条が「日本国民たる要件は，法律でこれを定める」という規定を置いています。国籍取得の要件は国籍法が定めるということです。国籍法によると，日本で生まれ，両親が不明もしくは無国籍の場合，その子は日本国籍を取得できるとあります。

3．国籍の伝来取得

　本人の希望により国籍を取得する場合があります。**帰化**といいます。そして領土の割譲や国家の併合・独立の場合の国籍取得があります。

4．国籍と国家の実効的な繋がり

　重国籍者の場合，自己が帰属するすべての国家の外交保護システムを利用できます。結果として，複数の国家の権利が競合する事態が生まれます。そのため国際司法裁判所は，1955年のノッテボーム事件の中で，外交的保護権を行使するには，国家と個人の間に「真正結合」がなければならないとしました。個人と国家の間に事実上存在するつながりは，実効的なものでなければならないという意味です。

　真正結合があるかどうかの決定要因は，個人が当該国家に住所を持っているか，利害関係の中心地か，家族との事実上の関係があるか，公的活動に参加しているかです。

★法人の国籍

　法人も国際法における個人です。ですから国家の外交的保護の対象になります。それでは法人の国籍はどのように決まるのでしょうか？

　法人の国籍取得に関して①設立準拠法説と②本拠地法説という2つの有力な説があります（次ページの黒板を参照）。

　1970年のバルセロナトラクション事件で，国際司法裁判所は，法人の国籍は設立準拠法国に帰属するとしました。そして法人と国籍国

の間に実効的な繋がりは必要ないとして「真正の結合」理論を却下しました。本件で問題となった企業の株主の過半数はベルギー国籍でした。ですからもし国家と法人の間の実効的つながりを考慮した場合，ベルギーが管轄国とされたはずです。しかし設立準拠法国はカナダだったので，ベルギーの管轄権は否定されました。

①設立準拠法説：法人の国籍を，その設立準拠法国もしくは本店所在地国に帰属させる説。
②本拠地法説：設立準拠法以外に経営管理の本拠地も国籍帰属の際に考慮に入れるという説。

●2●
外国人
❖外国人の地位

　領内にいる外国国籍を有する者を外国人といいます。国から出て行く自由，そして自国に戻る自由は，人権の一つとして保障されています (国際人権規約—市民的及び政治的権利に関する国際規約の12条2項・4項)。

　では外国人の出入国管理はどのように行われているのでしょうか？まずは入国管理に関する規制を見てみましょう。

　国家は自動的に外国人を受け入れ，その者が自国に在留することを認める義務はありません。しかし受入国の法令に違反しない限り，当該外国人の入国・在留は許可されます。

　ただし入国を希望する外国人は，自国の発給したパスポート，そして入国しようとしている国のビザを所持していることが必要です。しかし両国の間にビザ免除協定が結ばれている場合，ビザの取得は必要ありません。

　たとえば日本人が新婚旅行にハワイに行く場合，アメリカと日本には協定がありますから，ビザは不要です。しかしベトナムにいく場合，両国に協定が結ばれていないのでビザが必要です。

国家は外国人を追放できるのでしょうか？

法律に基づいて行われた決定によってのみ，外国人は当該領域から追放されます。たとえば不法滞在の場合があります。

一方追放宣告を受けた外国人は，国家安全の場合を除いて，その理由の開示を求め，自己の申し出を権限のある機関により審査されることを請求できます（同条約 13 条)。

❖外国人の保護

国家は領域内の外国人に，自国民と同等の待遇を保証しなければならないのでしょうか？　国際慣習では，国家は外国人に**最低限基準**の待遇を保証する義務があるとされてきました。「最低限」とは，国家の主権を侵害しないと共に人権を侵害しないものでなければなりません。

国家の外国人待遇に関して，現在 2 つの説が提唱されています。外国人に対して自国民と同じ待遇を与えればよいとする**国内標準主義**，そして「文明国」の標準に従い外国人を扱うべきとする**国際標準主義**です。

前者を採用した場合，国によっては人権法違反となる扱いをする可能性がありますし，後者を採用した場合発展途上国が「文明国」標準を遵守できるかは疑わしいですね。ですから実際には各国最小限の注意をしつつ，各国は可能な範囲で外国人の待遇を定めています。

★犯罪人引渡し

他国の請求に基づき，自国の領域にいる犯罪者を当該請求国に引き渡すことを犯罪人引渡しといいます。この手続きを通すことにより，国家が保持する排他的領域主権の侵害を避けることができます。

通常は犯罪人引渡しに関する 2 国間条約に基づいて引渡し請求が行われます。現在日本は，アメリカと韓国の間で当該条約を締結しています。しかし国際礼譲のため，条約を締結していない国同士でも引渡しは行われます。

また犯罪者は自動的に引渡しの対象となるわけではありません。たとえば請求の対象となっているのが，外国で犯罪を犯して逃亡してき

た自国民だとします。この場合，自国の刑法で処罰すればよいので，引渡しは行われません。これを**自国民不引渡しの原則**といいます。

さらに当該犯罪者が，政治的理由による訴迫を受けている場合，国家は引渡しを行う義務はありません。これを**政治犯不引渡しの原則**といいます。

「政治犯罪」とはなんでしょうか？　政治犯罪は2分できます。国家の政治的秩序を害することを目的として，クーデター，革命の陰謀，政治結社を結成した場合などを**絶対的政治犯罪**といいます。これに対して，政治犯罪に関連して，殺人や放火などの普通犯罪が行われた場合を**相対的政治犯罪**といいます。

前者の場合，通常国家は引渡しを行いません。しかし政治犯罪人不引渡しの原則が，国際慣習法として確立しているか否かは明確にされていません。1972年の尹秀吉事件（ユンヌーギル）の第2審において，東京地裁は当該原則が各国により援用されていることを認めつつ，未だ国際慣習法としては確立されていないと判断しました。

その他，外国元首やその家族に対してなされた犯罪行為は，政治犯罪として認められないことを明記する場合があります。

ベルギー加害条項と呼ばれています。

●3●
難民
❖難民の地位

何らかの理由で自国の保護を受けられず，外国に救援を求める場合があります。これらの人々を難民といいます。

人種，宗教，国籍または特定の社会的集団の構成員であること，もしくは政治的意見を理由に迫害されているまたは迫害される恐れがある人々がいます。このように自国からの保護を受けられない者，または自国からの保護を望んでいない者を**政治難民**といいます（難民の地位に関する条約1条A）。

しかし歴史的には，政治的理由だけでなく飢餓や伝染病から逃れる為に外国に保護を求める難民もいます。最近では経済的貧困から逃れることを理由とする難民もいます。**経済難民**といいます。

国際社会が政治難民の保護問題に関心を持ち始めた歴史は浅く，第

1次世界大戦以降のことです。国際的取組みは難民救済活動から始まりました。国際連盟は1921年に，ロシア革命から生じた難民を救済する為の高等弁務官を任命しました。弁務官はそれら難民が外国に行けるように特別なパスポートを提案しました。

彼の名前をとってナンセン・パスポートと呼ばれます。

第2次世界大戦後，増加する難民の受け入れ先を見つけるため，新たに国連の特別機関として，国際難民機関が設立されました。1950年からは，**国連難民高等弁務官事務所**がその任務を引き継いでいます。他にも**国際赤十字社**がヨーロッパの難民に対して人道的活動を行ってきました。ただし，これら国際組織の活動は物質的・精神的援助に留まります。なぜなら難民に法的地位を与えるかどうかは国家の裁量だからです。

この点，難民の地位に関する条約は，難民を迫害の待っている本国に追放・送還を禁止することを明記しています（33条）。これを**ノン・ルフールマンの原則**といいます。また難民に対し，他の外国人と同等の待遇を与えることも定められています（7条1項）。

❖日本の難民政策

日本では1978年，インドシナ難民の受け入れによって本格的な難民政策が開始されました。また難民条約を締約したのは1981年のことでした。同年「出入国管理及び難民認定法」を制定し，難民認定に関する一般法の最低限の整備を行いました。

しかし現在に至るまで難民受け入れはあまり行われていません。日本は難民に対して閉鎖的政策を執っており，国際社会から批判を受けています。

●4●
国際犯罪
❖国際犯罪に対する管轄権

グローバリゼーションに伴い，犯罪も国際化するようになってきました。当然刑事管轄権の競合問題も出てきます。では国際犯罪がおきた場合，誰がその処罰をするのでしょうか？

管轄権の行使に関しては次の原則が国際法上確立されています。こ
れら4つの原則に従って，管轄権国は決定されています。

管轄権の4原則
①属地主義
②属人主義
③保護主義
④普遍主義

---

　①属地主義とは外国人・自国民を問わず，自国領域内で行われた犯
罪には管轄権を持つという主義です。その犯罪が数国にまたがる場合，
係るすべての国家が管轄権を持ちます。刑法一般に対して用いられま
す。

　②属人主義は積極的属人主義と消極的属人主義に分かれます。**積極
的属人主義**とは，犯罪が行われた場所を問わず，犯罪を行った国民は
その本国の管轄権に従うというものです。殺人罪や反逆罪などの場合
です。**消極的属人主義**とは，被害者の属する国家に裁判権を与えると
いうものです。しかし罪状が重くなり過ぎる可能性もあり，この主義
を採用する国家はわずかです。

　③保護主義とは，スパイなど外国人が外国で行った行為が当該国の
安全を損なうものだとします。その場合，当該国家はこれを処罰する
管轄権を持つとするものです。

　④普遍主義とは，国外で外国人が行った犯罪に対しても管轄権をも
つという考えです。戦争犯罪などすべての国家の脅威となる犯罪がそ
の対象となります。

❖国際協力

　刑事分野における国際協力を促進するために，**インターポール（国
際刑事警察機構—ICPO）**が1956年に設立されました。警察相互間の
情報交換・捜査協力をその目的としています。本部はフランスのリョ

ンです。日本も加盟しています。

●5●
個人の国際責任
❖国際責任と国内責任の区別

　国内レベルでは，刑法が罰せられる罪状を定めています。国際レベルでも同じことです。個人に国際責任を負わせるには，国際法でその対象となる罪が定められていなければなりません。

　しかし国際刑法というものは未だ存在していません。ですから個人に国際責任・義務を課す場合に適用されるのは，慣習に基づいた国際法であり，不完全です。

　国際責任を負う場合と国内法上の責任を負う犯罪の区別は，通常その犯罪により導かれた結果に基づいてなされます。①行われた犯罪が複数国家に被害を及ぼす場合，それは国際的な犯罪です。当該個人は国内法による処罰を受けます。②人類全体の脅威となる犯罪を行った場合，当該個人は国際法違反を犯したことになります。

　①は海賊行為，奴隷売買，麻薬取引，ハイジャックそしてテロリズムを指します。②は人道に対する罪，ジェノサイド，平和に対する罪などです。

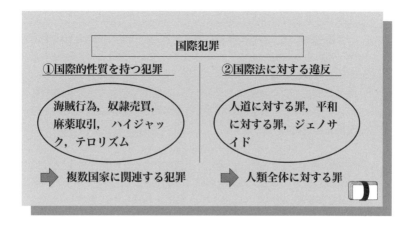

160

2003年に設立された国際刑事裁判所は②に対して管轄権があります。②の場合については，安全保障の章で改めて説明します。ここでは①の場合を見ていきましょう。

1．海賊

一番古い歴史を持つ国際犯罪です。海賊とは，私的目的のための，公海にある船舶もしくは人または財産に対するすべての不法な暴力行為，抑留又は略奪行為を行う私有船舶の乗組員又は旅客のことです(国連海洋法条約第101条)。公海条約の14〜22条，そして国連海洋法条約も100〜107条が海賊行為に対する国際規制ルールを定めています。

旗国主義の適用による保護をうけず，その処罰は公海上で海賊船舶を拿捕した国家に委ねられています。

だほ と読みます

2．奴隷売買

新大陸が発見されて以来，長い間奴隷売買は合法的活動とされてきました。よってその国際犯罪化は難しいものでした。

1815年のウィーン会議において，奴隷取引の禁止が強く提唱されました。しかし強国の利益の対立により，その願いが実を結んだのは**1885年**の**ベルリン会議一般議定書**でした。この時に初めて奴隷取引は人類に対する罪として国際的に禁止されたのです。

これは1890年のブラッセル奴隷条約でも再確認されました。第1次世界大戦が終わり，国際連盟の下1926年には**ジュネーヴ奴隷条約**が締結されました。しかし第2次世界大戦に近づいても奴隷売買は続けられていました。

1956年，国連の経済社会理事会の呼びかけにより，1926年の条約を補完する新条約が採択されました。この条約が広義の奴隷取引を対象にしているのに対して，国連総会は2000年に女性，児童，移民を対象とした**国連人身取引防止議定書**を採択しました。この議定書は人身取引を禁止するだけでなく，この犯罪を国際犯罪としています。

3. 麻薬取引

麻薬取引は 1912 年のハーグアヘン条約をはじめとする数々の条約により国際犯罪とされてきました。1961 年に，これらの条約は**麻薬に関する単一条約**として統一されました。そしてこの条約は 1971 年の**向精神剤に関する条約**により補足されました。しかし麻薬の不法取引はなくならず，その被害は増える一方でした。

このため麻薬等の取引に対する規制を強化すべきだという国際世論が高まりました。そうして 1988 年に**麻薬及び向精神薬の不正取引の防止に関する国際連合条約**（麻薬新条約）が締結されたのです。新条約では，上記した 2 つの条約に規定されていない事項が新たに加えられています。

たとえば分配行為及び不正取引に由来する財産の隠匿行為（マネー・ロンダリング）等の処罰化，不正取引等に由来する収益の没収，裁判権，犯罪人の引渡し，国際捜査協力の強化などをその内容としています。

4. ハイジャック

ハイジャックとは，武器や脅迫を用いて国際民間航空機を不法に占拠することです。

これらの行為は，以前，公海条約の 15〜21 条そして海洋条約の 100〜107 条において，海賊行為と同様に扱われていました。しかし，これらの条項では航空機の不法奪取に関しては定めていませんでした。

そこで 1970 年，国際的ハイジャック防止に関する初めての多国間条約が締結されました。航空機の不法な奪取の防止に関する条約（ハーグ条約）です。

しかし 70 年代初期，過激派によるハイジャックが多発するようになりました。駐機中の航空機の爆破行為です。そうして 1971 年，空港における不法行為も違法とする「民間航空機の安全に対する不法な行為の防止に関する条約（**モントリオール条約**）」が締結されました。

さらに 1974 年には国際民間航空機関（International Civil Aviation Organization-ICAO）がハイジャック防止に関する国際標準を定めた第 17 付属条項を国際民間航空条約（シカゴ条約）に補足しました。

5. テロリズム

テロリズムの定義は国際法上いまだ確立されていません。学術上の討議の対象となっています。ですから国際社会は，国家の安全保障を侵害する行為の一環とみなしてテロリズムと闘ってきました。

国際社会が初めてテロ問題に取り組んだのは，1937 年の「テロリズムの防止及び処罰に関する条約」でした。

その後テロ行為が国際犯罪として慣習法化されるのは，70 年代のことです。エルアル航空機ハイジャック事件 (1968)，スイス航空機爆破事件 (1970)，ミュンヘンオリンピック村の襲撃 (1972) といった世界中を震撼させるテロ行為が立て続けに起こりました。

そうして 1972 年国連は，国際的テロリズムに関するアド・ホック委員会を設立しました。1973 年には**外交官等保護条約**，そして 1979 年には**人質行為防止国際条約**が締結されました。

1979 年のイスラム革命直後のイランのアメリカ大使館員人質事件以降，国家がテロ行為に加担していることが明らかになりました。

またアルカイダなど，宗教を理由にしたテロ行為も出てきました。1995 年の東京地下鉄サリン事件や 2001 年のアメリカ同時多発テロ事件など，テロ行為の規模はますます大規模になり，自爆によるテロ行為も行われるようになりました。

このような状況に対し，1992 年には初の安保理サミットが開催され，その後も各国の情報共有が図られています。また国連は，1994 年には国連平和維持活動に参加する人々を守る為の**国連要員等安全条約**，1997 年には爆弾テロ防止条約を採択しています。

● 6 ●
国際機構

国際機構は国際組織もしくは国際機関ともいわれます。すべて同意義ですが，「国際機関」は通常，行政上・法令上用いられる名称です。

では国際機構とは何でしょうか？ 国際法規則において国際機構の定義は未だ確立されていません。「条約法に関するウィーン条約」では，単に「国際機関とは政府間機関をいう」と定められています (2

条1項 (i))。環境問題や情報化社会の到来など，国際社会全体に係る問題がますます増えています。このような状況の中，国際機構は国際社会の橋渡し役として，重要な役割を果たしています。

1. 国際機構の構成要件

　ウィーン条約法条約の締約作業の過程でなされた定義が有力とされています。

国際機構の構成要件
①国家の結合体であること
②条約など，国際合意に基づいていること
③常設的機関を持っていること
④加盟国とは異なる法的主体性を持っていること

　②国際合意は，たとえば国際連合ならば，国際連合憲章をいいます。条約外にも東南アジア諸国連合 (Association of South East Asian Nations-ASEAN) の場合のように「宣言」という形式がとられることもあります。

　③常設機関は通常，全加盟国が構成員である**総会**，一部の加盟国のみが構成員である**理事会**，そして会議の準備や運営など，当該機構の日常的作業を行う**事務局**からなります。

　以上の要件から，非政府団体 (Non Governmental Organization-NGO) は国際機構とは異なります。NGO は，政府間合意に基づいて創設されたものではなく，その準拠法は，通常ある特定国家の国内法だからです。

　当該団体の活動が複数国家に渡っていることから，国際 NGO といわれる場合がありますが，それは国際的性質をもつという意味であり，国際法上の国際機構とはみなされません。

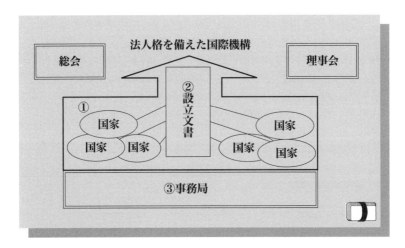

2．国際機構の歴史

　国際機構の観念そのものは，紀元前6世紀から5世紀頃の中国やギリシャに既に存在していました。しかし私達が現在いうところの「国際機構」とは，コミュニケーション技術の発展した19世紀前半に遡ります。1815年にライン河そして1856年にはダニューブ河の**国際河川委員会**が設立されました。

　また同時期，科学技術の進歩により国際社会は新たな問題を抱えていました。これらの問題に対処する為，技術的国際機構が設立されました。たとえば1865年の万国電信連合，1874年の万国郵便連合，1838年の工業所有権保護同盟，そして1886年の国際著作権同盟などがあります。これらを称して国際行政連合といいます。

　2回の世界大戦を経て，国際機構は新たな発展を迎えます。

　まずは第1次大戦直後の1920年**国際連盟**が設立されました。国際連盟規約は，大戦終結条約であるヴェルサイユ平和条約の附則として定められました。また同じくヴェルサイユ条約により，**国際労働機関** (International Labor Organization-ILO) も設立されました。他にも**国際常設裁判所** (International Permanent Court of Justice-IPCJ) や**国際民間航空機関** (International Civil Aviation organization-ICAO) がこの時期に設立されています。

第2次大戦終了後，現在の国際機構の頂点に立つ国際連合 (United Nations-UN) が国際連盟の後を受け継ぎ，設立されました。国際連合規約は，サンフランシスコ平和会議で採択されました。この時期から，普遍的・地域的性質を持った国際機構の数はますます増えていきました。国際団体連合 (Union of International Association) によると，1909 年に 37 あった政府間機関の数は，1960 年には 132，1985 年には 378 に上っています。

国際機構の実体は非常に多彩なものとなっています。

3．国際機構の種類

Ⅰ．形式による分類
　①普遍的国際機構
　②地域的国際機構
　③開放的国際機構
　④閉鎖的国際機構
Ⅱ．目的による分類
　⑤政治的国際機構
　⑥技術的国際機構
Ⅲ．権能による分類
　⑦国家間協力の為の機構
　⑧国家統合の為の機構

①普遍的国際機構は，すべての国家が当事国となれます。たとえば国連です。

②地域的国際機構では，地理的に近いもしくは同じイデオロギーを持つなどの理由から，参加できる国家が限定されています。たとえば，ヨーロッパ連合 (European Union-EU) 米州機構 (Organization of American States-OAS) そして経済発展協力機構 (Organization for Economic Cooperation and Development-OECD) などがあります。

③開放的国際機構は，関係国は加盟の手続きを踏まずに当該機構に加盟できます。

④閉鎖的国際機構の場合，加盟には定められた手続きを踏まなければなりません。

⑤政治的国際機構とは，異なる目的を達成するために広範な機能を与えられている機構のことです。国際社会としての意見を打ち出すことを目的としている場合などがあります。たとえば国連，アフリカ統一機構 (African Union-AU) そして米州機構があります。

⑥技術的国際機構は，定められた権限に関係する活動を専門としています。たとえば国連の特別専門機関などがあります。国連教育科学文化機構 (UN Educational, Scientific and Cultural organization-UNESCO) などです。

⑦国家間協力の為の機構は，国家間の協力がスムーズに行われること，国家活動の協調が行われることをその任務としています。

⑧国家統合の為の機構は超国家的組織ともいわれます。加盟国の上に立つ組織です。ですから当該機構で定められたルールは加盟国の領域内に直接的効果を生じます。

4．国際機構の構成員

前述のウィーン条約法条約の第1条のとおり，国際機構への資格を持つのは国家のみです。逆に言うと国家からの承認があるからこそ機構は国際社会における活動に参加できるのです。

しかしだからといって，国家以外の団体が国際機構の活動に参加することを，完全に禁止するものではありません。たとえば，国際海事機関 (International Maritime Organization-IMO) や世界保健機関 (World Health Organizarion-WHO) などの国連の特別機関においては，独立国家ではない領域の加盟が認められています。

またメンバー以外にも，**オブザーバー**という立場での参加が可能です。オブザーバーとは，設立文書の締結作業に参加をしていない当事者のことです。つまり機構の外部者です。国家はもちろん，国際機関，民族解放運動，NGO もオブザーバーとなれます。

ただしオブザーバーは，投票権などメンバーが保持する権能は与え

られていません。たとえば国際赤十字社 (International Federation of Red Cross-IFRC) は，オブザーバーとして国連総会における作業参加が認められています。

また加盟国は**原加盟国**と**新規加盟国**に2分することができます。原加盟国とは，当該機構の創設時のメンバーで設立条約の締約国のことです。対して新規加盟国とは，設立条約の締約作業には参加しておらず，その後加入を果たしたメンバーのことです。

新規加盟の手続きは通常設立条約に定められています。次の2通りの方法があります。単に加盟国に対して加入の通告をすればよいとする場合と，当該機構の権限ある機関からの承認が必要とされる場合です。前者は国際機関に参加できるという国家の権能に基づいています。普遍的国際機関の場合，より多くの国家がそのメンバーとなることが任務達成の大前提ですね。ですからそのような機関は，通常この方法を採用しています。

また加盟国は国際機構の構成員資格を終了することができます。機構加入は条約に基づいていますから，脱退も当該条約の終了を意味します。ウィーン条約法条約の54～56条が条約終了について規定しています。加盟国の意志に基づいた終了を**脱退**，加盟国の意思に関係なく，その構成員資格を剥奪する場合を**除名**といいます。

5．法的地位

国際機構の法人格は**認知**に基づいています。創設者である国家と同等ではありませんが，国際機構は法の主体であり，権利と義務が帰属する存在であることは疑う余地はありません。なぜなら法人格を保持していることは，社会で活動する際の大前提だからです。国際機構の法人格は2つに分けられます。

国際機構の法人格
国内法主体性：国際機構が国内法上有する法律能力
国際法主体性：国際法上有する法律能力

国内法主体性は，ある国家の領域において，契約を結び，不動産や動産を取得し，処分する，または訴えを提起することなど，法的行為をなす能力をいいます（国際連合の特権及び免除に関する条約1条1項）。国内法主体性に関しては，通常設立文書に明記されています。

　たとえば国連憲章104条では連合がその任務遂行の為，必要な法律能力を加盟国内の領域内で有することを定めています。地域的国際機構でも同様です。たとえばOAS憲章の139条や欧州共同体(European Community-EC) 設立条約の211条などが機構の国内法人格を認めています。

　一方，国際法主体性については機構が国内法人格を有することが認められていたにもかかわらず，長い間論議の的とされてきました。国際法体系における主体は国家だけだったので，法人格を国際機構にも認めることは，国家と同じ地位を与えることと同じであると考えられていたからです。

　しかし1949年，国際司法裁判所は「**国連の勤務中に被った被害の賠償事件**（ベルナドッテ伯殺害事件）」の中で，国際連合は国際法における法的人格を有するとしました。

　さらにこの法人格は，国連の普遍性を考慮して，非加盟国にも対抗できる**客観的国際法人格**を持つことも明確にしました。この原則は他の国際機関にも援用できます。なぜなら国家から与えられた任務を遂行するには，国家から独立した機構としての自立的な活動を行う権能が必要だからです。

　ただし機構の権限が加盟国の意思によって決定される以上，それに伴って生じる法的人格も加盟国の意思に制限されています。つまり国際機構は，国家の有する本源的な国際法主体性を反射した権利・義務を享受しているだけの派生的，2次的な国際法主体なのです。

★特権免除

　国際機構はその任務を確実に遂行するため，国家と同様に特権免除が認められています。なぜならある特定の加盟国からの圧力を回避するためには，当然必要とされるからです。

　たとえば，国連の財産や資産はあらゆる形式の訴訟手続きが免除さ

れます（国連特権免除条約2条2項）。国連の事務局などの構内は不可侵です。またその財産・資産は捜査，没収，収用といった干渉から免除されています（同条3項）。

これらの特権免除は機構だけでなくその機構の職員にも及びます。当該職員が公的資格で行った行動に対して訴訟手続きは免除されます。

●7●
国家責任
❖国家責任とは

すべての法体系は，ある法的主体が他の法的主体の利益に損害を与えた場合，責任を負うことを前提としています。国際法においても同じです。国際法の違反が行われた場合に国家は責任を負います。これを国家責任（国際責任）といいます。

国際社会において，国家は絶対・独立した存在として自由に判断を下す権利がありますね。ですから国家責任は，国家間の相互関係を維持するための規制システムといえます。これにより義務違反は是正され，違法行為によって生じた損害の回復が可能になります。

しかし国際社会には立法者や普遍的裁判官は存在しません。また国家責任は国家の異なる利益にかかわる問題です。ですから国家責任に関するルールの確立には長い時間を費やしました。国家責任に関する慣習法規ができたのは19世紀のことです。現在においても，国際責任法規は根本的に国際慣習法に基づいています。

❖国家責任法の法典化

法典化とは不文法を成文法にすること，つまり慣習法を条約にして明文化したりすることです。19世紀末から20世紀初期にかけて国家責任法の法典化の動きが始まりました。1930年の国際連盟法典化編纂会議そして1955年の**国際法委員会**（International Law Commission-ILC）では，領域内の外国人の身分や財産に対する損害を被った場合の国際責任の法典化をめざしていました。

しかしその後，ILCは国家責任の取り扱いを再検討しました。つまり特別報告者アゴーの報告に基づき，**国家責任に関する国際法の一般**

原則の法典化に取り組み始めたのです。

この新しい試みの特色は，国家責任法を**1次規則**と**2次規則**に区別したことです。1次規則とは国家に特定の義務を課すものです。対して2次規則とは1次規則の違反により生じる法関係を扱う規則のことです。

ILCは2次規則のみを国際責任法として法典化することを決定しました。そうして現在では，外交保護だけではなく，国家の行ったすべての国際法の違法行為に対して，国家責任を追及できるようになりました。

2001年には最終草案が完成し「国家責任条文」が採択されました。ただしこれ自体に法的拘束力はありません。しかしその後の国際法に影響を与えるだろうといわれています。

❖国家責任の成立要件

国家責任が成立するには2つの要件がそろう必要があります。第1にその行為が当該国家の行為であるとみなされること，行為の国家への帰属です。第2にある行為が国家の国際法上の義務に違反すること，国際義務違反の存在です。

これらの要件を詳しく見てみましょう。

まずは①行為の国家への帰属です。国家はある団体の総称であり，国家そのものには実態がありませんね。ですから実際には，その国家に帰属する者による行為が国際法の違反行為に該当するわけです。では誰の，どのような行為が，国家の行為とみなされるのでしょうか? 行為者は国家機関，私人，そして内乱や暴動における反政府団体の場合があります。次でそれぞれ見ていきましょう。

②国際義務違反が存在するとはつまり条約，慣習法もしくは法の一般原則など，国際法の法源に違反する場合のことをいいます。

●8●
行為の種類

1. 国家機関の行為

　国家機関が，その権限内において為した行為は国家の行為とされます。その際立法機関，行政機関，司法機関のいずれかを問いません。

　ただ問題となるのは権限踰越の場合です。その場合の見解は学術上分かれています。またその行為が機関を離れ，私人として行われた場合には，国家の行為とはみなされません。

2. 私人の行為

　原則として私人の行為は国家の行為とはみなされません。

　ただし，国家が私人の行為に対して「相当の注意」を払わなかった場合，発生した損害の責任は国家に帰属します。なぜなら国家には自国領域内の外国人を保護し，それらが損害を被らないための事前の措置を採る，一般国際法上の義務があるからです。

　たとえば**在テヘラン米国大使館事件**について国際司法裁判所は，過激派学生が米国大使館職員を監禁した行為は私人の行為であり，イランにその責任は追及できないとしました（1980 年）。しかし一方で，イランが当該事件を事前に防ぐ為の適切な措置をとらなかったとして，イランの国家責任を認めました。

3. 反政府団体の行為

　内乱や暴動は私人の行為です。しかしその扱いは私人としてではなく，私人の行為に準じた取り扱いをされます。つまり国家が相当の注意を払わなかったと確認される場合，国家は責任を負うのです。

　しかしその反政府団体が新国家や新政府を立ち上げた場合，反乱行為の責任はその時期にさかのぼり新政府に帰属します。

● 9 ●
国家責任の成立に関する問題

1．損害と違法性

　国家責任の成立要件に関連して起きる問題を見てみましょう。まずは責任を追及するのに，損害の発生は必要なのでしょうか？

　国家責任条文は，損害の発生を国家責任の成立要件としていません。なぜなら国際法義務違反には，具体的損害が発生しない場合もあるからです。たとえば国際法に反した国内法を定めた場合などですね。

　次に適法行為から生じた結果が，第三者に被害を与えた場合，当該国家に国際責任を負わせることはできるのでしょうか？

　たとえばある国家が，自国民による宇宙空間の探査に援助を与えていたとします。これ自体は合法です。6時間目の宇宙法で見ましたね。しかし，もしこの探査活動の結果，宇宙環境の汚染が生じたとしたら，それは宇宙条約7条に基づき国際法違反です。当該国家は国際責任を負うことになります。　「合法行為責任」といいます。

　これは国際司法裁判所によっても確認されています。たとえば1948年の**トレイル溶鉱炉事件**において，被告であるカナダは越境汚染を引き起こした自国民の行為に対する国際責任を負わされています。これはカナダのトレイル溶鉱炉の亜硫酸排出ガスが，すぐ南のアメリカとの国境を超えたワシントン州の農作物等に被害を与えた空気汚染事件です。溶鉱炉の存在それ自体は違法ではありませんね。

　つまり自国の自然人・法人の行為に注意を払うべき国家は，当該行為がたとえ合法だとしても，第三者に生じた損害に対する国際責任を負わされるのです。

2．過失と無過失

　国家責任の発生要件の性質に関しては，学説上論議の的でした。伝統的には国家責任法は過失を要件としていました。これはローマ法に由来します。過失責任主義といわれます。グロティウスをはじめ，多くの学者からの支持を得ました。

　しかしその後，過失主義はアンティロッチやケルゼンにより批判されました。彼らの提唱したのが**無過失責任説**です。つまり国際違法行

為が存在している場合，過失の有無は問わないとする主義ですね。

　1960年の原子力分野における第三者損害に関するパリ条約および1963年の原子力損害に対する民事責任に関するウィーン条約は，原子力施設の運用管理者の無過失責任を定めています。

　他にも**宇宙損害責任条約**の第4条は，自国の宇宙物体が飛行中の航空機や地上の第三者に損害をあたえた場合，打ち上げ国の過失か無過失かを問わず，当該国家は国際責任を負うと定めています。さらにこの場合，打ち上げ者が非政府団体であっても，国家は絶対的な責任を負わされます。

　また国家責任条文2条も「作為又は不作為からなる行為が，国際法上国家に帰属し且つ国家の国際義務の違反を構成する」場合を違法行為としており，過失を要件として明記していませんから，無過失責任説を採っていると考えられます。

3．違法性阻却事由

　ある特定の事由により，国家責任が免除されたり軽減されたりする場合があります。次の表を見てください。

不可抗力	天災などの予知のできない外的事由により，国際法義務の履行が不可能である場合。
緊急事態	突発的な暴動により，外国人の身体・財産が被害を被った場合。
遭難	行為者が自己または自己の管理化にある者の生命を救出するために，国際義務に反する手段しか採れなかった場合。
被害国の同意・過失	被害国から，通常は国際法違反とされる行為に対して，事前の同意があった場合。被害国に過失があった場合。
自衛権の行使/復仇	相手国の違法行為に対する対抗措置である場合，そして自衛措置を採る場合です（国連憲章2条4項，51条）。

4. 責任の解除

　違法行為により生じた損害が回復されることは，法規則における当然の前提ですね。解除とは，国家が国際違法行為を続けている場合は，その行為を停止すること，もしくは被害国の損害に対して賠償の義務を負うことです。

　国家責任の場合も，国家は当該損害を解除する義務を自動的に負います。具体的な賠償方法としては，**原状回復，金銭の支払い，精神的満足**の3つの情報があります。原則的な賠償方法として，まず検討されるのが原状回復という手段です。原状回復とは，違法行為が行われていなければ存在したであろう状態を回復することです。

　常設国際司法裁判所は，1928年**ホルジョウ工場事件**において「もし原状回復が不可能であれば，原状回復に相当する価値に見合う金額の支払い」をすべきとしています。ただ賠償の対象となるのが，直接損害か，間接損害か，あるいは利子も払うのかなど，どこまでが賠償

範囲となるかという基準はありません。

　上記の方法では救済できない場合や，国家の名誉，または法的な損害などに対しては，精神的満足という方法が取られます。

　たとえば公式の謝罪・違反の自認・遺憾の意の表明・責任者の処罰・再発防止などです。また国家の合意がある場合，精神的損害を金銭で賠償することも可能です。

5. 国際請求と外交的保護権

　国際責任を発生させるには，被害を被った国家は加害国に対して責任の追及をしなければなりません。別の言い方をすれば，被害国は加害国に対し，賠償を請求する権利を有しているのです。

　その際違法行為と損害の間には相関関係が必要です。この権利を**国際請求提出権**といいます。

　また国家だけでなく自国民が国際違法行為によって損害を被った場合にも，当該国はその国際責任を追及できます。

　たとえば外国人がその地で国際違法行為による損害を被ったとします。しかし当該在留国においては救済を得られませんでした。その場合当該外国人の本国が介入し国家責任の追及をします。これを**外交保護制度**といいます。

　外交的保護制度は 18 世紀に確立しました。産業革命により通信・交通手段が発達し国境を越えた物や人の流通が始まりました。それに伴い，国家が在外国民の身体財産に対する保護に関心を寄せるようになったのです。

　外交保護制度を行使するには，上記の国家責任要件以外に 2 つの要件が満たされなければなりません。

　第 1 に**国籍の継続**です。つまり当該私人と請求国の間のつながりです。損害が発生した時点から，国際請求が提出され最終結論がでるまでの間，被害者は当該国家の国籍を保持していなければなりません。この際の国籍国とは，被害者との間に真正結合のある国家のことを指します。また法人の場合は，設立準拠法国がその国籍国でしたね。

真正結合については154ページを参照。

　第 2 に**国内救済の完了**です。これは外交保護権を行使する前に，被

176

害者は加害国の国内で利用できるすべての国内的な救済手段を尽くすことを意味します。国際司法裁判所も，1959年の**インターハンデル事件**においてこの原則が確立した国際慣習法であることを確認しています。ただしこれらの要件が満たされたとしても，外交保護が為されるとは限りません。なぜならこれは国家の権利であり，これを行使するか否かは国家次第だからです。

　最後にこうした国際請求を避けるために，権利契約などに挿入される条項を見ていきます。**カルボー条項**といいます。カルボー条項とは，契約上の争いが生じた場合に国内における救済手段のみを利用することを確約するものです。ですから外交保護権は完全に排除されています。これは欧米先進国の介入を排除する為に，中南米諸国が主張しました。

[用語チェック]

□ 国籍の付与は国家の権限ですが，個人にも〔①〕と〔②〕という2つの自由が認められています。

①国籍離脱の自由
②国籍変更の自由

□ 国籍の抵触から起こる法的不安定を解決するため〔③〕が立法上の理想とされています。

③国籍唯一の原則

□ 複数国家の外交的保護が競合する場合，当該個人と〔④〕がある国家の保護が優先されます。

④真正結合

□ 法人の国籍取得の根拠に関しては〔⑤〕説と〔⑥〕説が有力とされています。

⑤設立準拠法
⑥本拠地法

□ 自国民が外国で犯罪を行い，逃亡してきた場合〔⑦〕に基づき，当該国家には請求対象である犯罪人を引き渡す義務はありません。

⑦自国民不引渡しの原則

□ 犯罪者が政治的理由による訴追を受けている場合〔⑧〕に基づき，国家は引渡しを行う義務はありません。

⑧政治犯罪人不引渡しの原則

□ 政治的理由により本国からの保護を望んでいない者を〔⑨〕といい，本国の経済的状況から外国の保護を求める人々を〔⑩〕といいます。

⑨政治難民
⑩経済難民

□ 〔⑪〕や〔⑫〕といった国際機構が難民保護のために活動しています。

⑪国連難民高等弁務官事務所
⑫国際赤十字社

□ 難民を迫害の待っている本国に追放や送還することを禁止することを，〔⑬〕の原則といいます。

⑬ノン・ルフールマン

□ 国際犯罪が起きた場合の管轄権行使に関しては〔⑭〕・〔⑮〕・〔⑯〕・〔⑰〕という4つの原則が国際法上確立されています。

⑭〜⑰属地主義，属人主義，保護主義，普遍主義

□ 刑事分野における国際協力を促進する為に〔⑱〕が1914年に設立されました。

⑱インターポール

□ 国際機構の構成要素は〔⑲〕・〔⑳〕・〔㉑〕・〔㉒〕ことです。

⑲〜㉒国家の結合体である，国際合意に基づいている，常設的機関

□ 国際機構は，国内法主体性と国際法主体性と

を持っている，法的主体性を持っている
㉓客観的国際人格
㉔行為の国家への帰属
㉕国際義務違反の存在

㉖国際請求提出権

㉗外交保護制度

いう2つの異なる法人格を持っています。国際司法裁判所は，国際連合が非加盟国にも対抗できる〔㉓〕を持つことを明確にしました。
□　国家責任成立の要件は〔㉔〕そして〔㉕〕です。
□　被害国が加害国に対し賠償を請求できる権利を，〔㉖〕といいます。また自国民が損害を負った場合に，当該個人に代わり加害国に責任の追及を行う制度を〔㉗〕といいます。

〔○×チェック〕

1. 設立準拠法国の国籍が付与されます。⇨P.154×
2. 国際刑法は未だ存在していません。⇨P.160×
3. 単に加入の通告をすればよい場合，又は当該機構の権限ある機関の承認が必要とされる場合があります。⇨P.168×
4. 特権免除は機構だけでなくその職員にも及びます。⇨P.170×
5. ⇨P.172×
6. ⇨P.173×　合法行為責任といいます。
7. ⇨P.174○　客観説といいます。

□1. 1970年のバルセロナ・トラクション事件で，国際司法裁判所は法人の場合にも真正結合理論が適用されると判断しました。
□2. 個人が国際犯罪を行った場合は，国際刑法に基づいて罰せられます。
□3. ある国際機構に新規加盟するには，全加盟国からの承認が必要です。
□4. 国際機構の職員は，当該機構の所在する国の労働ルールからの規制を受けます。
□5. 1980年の在テヘラン米国大使館事件では，イラン政府は事件を予防するために十分な措置を採っていたとして，その責任を追及されませんでした。
□6. インドにある化学工場から排出された汚水により，隣国であるバングラデッシュの水田が全滅しました。化学工場の建設は合法ですから，インドは国家責任を追及されません。
□7. 人工衛星建設会社のミスに気づかないまま当該衛星を打ち上げた結果，大気空間で分解し，地上の人や物に損害を与えました。この場合過失はありませんが，打ち上げ国は国家責任を追及されます。

□8. 中国で突然反日運動がおこり，在中日本人の家屋や自動車が破壊されました。ですから中国は，発生した損害を完全に回復する義務があります。

□9. 国際違反行為により被害を被った個人は，外交保護をいつでも本国に要請することができます。

□10. カルボー条項が契約書に挿入されている場合，紛争当事者は国内の救済措置に限り，利用することができます。

8.「緊急事態」は違法性阻却事由の一つです。⇨P.175×

9. まずは国内救済を完了しなければいけません。⇨P.176×

10. ⇨P.177○

国際紛争の平和的解決・
国際裁判・武力行使と
安全保障・武力紛争法

国際紛争の平和的解決

「国際紛争」とは，国家間の紛争のことをいいます。「紛争」とは，一方の当事国が明確な請求を出し，他方の当事国がこれを拒絶して反対の請求を出している場合です。ですから広義には「戦争」も含みますが，一般にはそれにいたらない国家間の紛争を意味します。

長い間国際社会は，紛争を強制的に解決することを容認していました。強制的解決とは，武力行使などを用いて相手方に物質的あるいは精神的損害を与え，自国の請求を相手国に受け入れさせる方法をいいます。たとえば復仇や干渉，つまり戦争です。

復仇とは，国際法違反行為の中止や救済を求めるために，被害国が一方的に行う措置です。

❖歴史的流れ

第1次大戦の終了後，戦争の違法化の過程で，国際社会は武力を用いた強制的解決法を制限するようになりました。

国際連盟規約は，国際紛争が発生した場合に，当事国は司法的解決，もしくは連盟理事会に審査を付託しなければならないと定めています(12条)。しかし戦争の完全禁止までには至りませんでした。

紛争の平和的解決の原則が確立されたのは第2次世界大戦後のことです。国際連合憲章2条3項そして33条は，すべての加盟国に，国際紛争を平和的手段により解決することを義務づけています。

また2条4項で，武力による威嚇又は武力の行使を自重することを義務づけています。ですから現在は，自衛または国連の強制行動の場合のみ，武力行使が許可されています (51条，53条)。

1970年に国連総会で採択された決議2625『友好関係原則宣言』も，平和的解決の義務を宣言しています。

●2●

平和的解決の手段

平和的解決の手段は，紛争当時国による直接解決をめざす**非裁判手続**と**裁判手続**に2分できます。裁判手続については，次の項目で説明します。

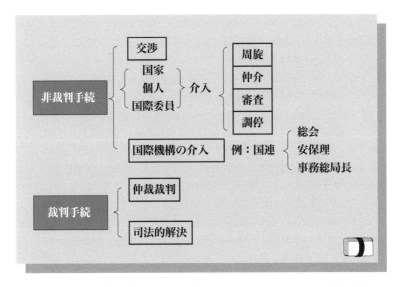

　どの紛争解決手段をとるかは当事国の自由です。しかし通常は紛争の性質により，当該紛争に適切な解決法が選択されます。

　紛争は**法律的紛争**と**政治的紛争**に分類できます。法律的紛争は裁判手続きに，政治的紛争は非裁判手続きにその解決が付託されます。

　では，どのような紛争が法律的紛争とされるのでしょうか？　国際司法裁判所規程36条2項は，①条約の解釈②国際法上の問題③認定されれば国際義務の違反となるような事実の存在④国際義務違反に対する賠償の性質又は範囲に関する紛争，を法律的紛争として定めています。

　たとえば英仏仲裁裁判条約の第1条の解釈が争点となった1905年の家屋税事件では，常設国際司法裁判所に管轄権が帰属しています。

　一方学説は対立した立場をとっています。第1説は国家の重大利益に関係しない，政治的に重要でないものが法律的紛争であるとする説。第2説は適用すべき国際法規が存在する紛争を指すとする説。適用すべき国際法があるかどうかは，裁判を行って初めて判断されますから，この説は適当ではありません。

　そして第3説は当事国が国際法規を適用した解決を求める紛争がそ

うであるとする説です。この説は当事国の一方が国際法規を根拠とする解決を望まない場合，政治的紛争として分類します。現在この第3説が一番有力とされています。

また一方の当事国が当該紛争を政治的紛争であると主張し，国際裁判所の管轄権に異議を申し立てる場合があります。

そのような事態に対して，常設国際裁判所は1980年の**在テヘラン米国大使館事件**において次のように述べています。「国家間の法律的紛争は，その性質上，政治的背景の中で生じることが多い。しかしたとえそれが，政治的紛争の一側面でしかないといっても，法的紛争の解決を辞退するという見解はなされていない」。

また1982年の**ニカラグア事件**では，争点となっていた武力紛争は政治的性格が強く，司法判断の対象とすべきではないとアメリカは主張しました。しかし裁判所は政治的，そして法律的な二面性をもつ紛争の場合，法的側面を扱うことで司法的任務を遂行できるとし，上記の事件と同じ立場を取っています。

❖非裁判手続き

非裁判手続きには，交渉，周旋，仲介，審査，そして調停があります（cf. 国連憲章33条）。交渉は紛争当事国が直接交渉し紛争の解決を目指します。

その他は，紛争当事国の直接交渉によっては解決が不可能な場合に第三者が介入する紛争解決方法です。個別に見ていきましょう。

1．交渉

紛争当事国が外交経路を通して，双方の主張の調整を行い，紛争の解決を図ろうとする方法です。最も基本的な解決手段です。

2．周旋と仲介

通常紛争当事国に政治的・道義的，その他の影響力を有する者が介入します。国家，国際機構，個人を問いません。周旋は第三者が交渉の機会や場所の提供などの間接的な手段を通じて，外交交渉の開始や促進を働きかけるという方法です。当事者からの要請がある場合と自

らの判断で行われる場合があります。

ベトナム戦争ではフランスが仲介役を務め 1973 年にパリ協定が結ばれました。仲介は第三者が交渉の内容に立ち入り，交渉の基礎や紛争の解決案を提示する方法です。ただしそれは提案に止まるものであり，当事者の交渉内容を拘束するものではありません。

1980 年の在テヘラン米国大使館事件ではアルジェリアが，1984 年のビーグル海峡事件ではローマ教皇が，1986 年のレインボウ・ウォリアー事件では国連事務総長が，それぞれ仲介をしました。

3．審査

非政治的・中立的な国際審査委員会を設けて紛争を審査します。そして紛争の事実関係を明らかにした報告書を，当事国に提出します。本質的な紛争解決の促進を目的としています。

この制度は 1907 年の改正国際紛争平和処理条約の 9 条で初めて制度化されました。紛争当事国の間に起きた事実認識のズレにより，紛争が複雑化することを防ぐために設けられた制度です。紛争が事実問題に係る場合に有効であるとされました。ただし本委員会の判断に，司法的拘束力を与えるかどうかは当事国の裁量です（同条約 35 条）。

また審査委員会の作業が事実認定に留まらず，国家責任の有無を含んだ法的評価を行う例はあります。たとえば 1905 年の**ドッガーバンク事件**や 1962 年の**レッドクルセーダー事件**などです。

4．調停

国際審査委員会が紛争の事実関係の審査に加え，紛争のあらゆる側面を考慮して，その解決案を当事者に提示します。

提案の受け入れは審査同様、義務ではなく当事国の裁量です。

この制度の起源は第 1 次世界大戦に遡ります。アメリカが諸国と結んだ 1913-14 年のブライアン条約，独仏間の 1925 年ロカルノ条約などの 2 国間条約や，1928 年の**国際紛争平和的処理に関する一般議定書**などの多数国条約で採用されました。

実際に調停が利用された例は多くはありません。たとえばヤン・マイエンの大陸棚境界紛争に関して設置された 1981 年の**アイスランド・**

ノルウェー調停委員会などがあります。

　一方で，強行法規以外の条約規定の解釈や適用に関する争いが起きた場合，調停手続きを採ると定める条約もあります。たとえば条約法条約66条b項や海洋法条約の284条などがあります。

★国際機構の介入

　以上の非拘束的介入に随するものとして，国際機構の介入があります。政治的国際機構は，そもそも国際平和と国際社会の協調の達成をその目的として設立されています。ですから国際機構が平和的紛争解決の一手段として利用されるのは当然ですね。どの国家にも属しないというその中立性も紛争解決の場として相応しいといえます。

　まずは国際連盟の例を見てみましょう。国際連盟規約12条によると，武力衝突のおそれがある場合，紛争当事国は国際裁判または理事会に審査を頼まなければなりませんでした。また理事会だけでなく，総会にも紛争解決の権限は与えられていました。ただし理事会の決定，又は加盟国の請求がある場合のみでした（15条9項）。

　これに対し，第2次大戦後に連盟の跡を継いだ国連は武力行使を禁止し，紛争の平和解決を加盟国に義務づけています（国連憲章33条）。

●3●
各組織，機構の役割

1．安全保障理事会

　国連機関において，安全保障理事会（安保理）は国連機関の中でも世界の平和及び安全の維持のための主要な責任を与えられています（国連憲章24条1項）。この責務を果たす為，安保理は6章「紛争の平和的解決」に関する特定の権限を与えられています（同条2項）。

　安保理は紛争当事国に対して，国際法に定められた非裁判手続手段の利用を訴えることができます（36条1項）。

　　　　　　これは通常「勧告」という形ツをとります。

　また33条に定められた方法によっても解決に至らない場合，そして当事国からの請求がある場合，安保理は周旋や仲介も行います（37条1項，38条）。実際には安保理自身が介入するのではなく，政府間

委員会や事務局長を立てます。

1949 年のコルフ海峡事件において事実調査機関の設置や，1990 年イラクのクウェート侵略後に，事務総長に対する周旋行為の要請を行いました。また当該紛争が国際社会の脅威となるかを調べる**調査権**(34 条) も与えられています。

2．総会

総会は一般的で広範な権限を与えられています (10 条)。総会は平和維持に関する事項に関して検討し，勧告をすることができます (11 条 2 項)。この権限は 35 条でも確認されています。

また総会は平和を危うくする恐れのある事項について，理事会の注意を促すことができます (11 条 3 項)。しかし安保理が紛争解決のための措置を採っている場合，総会はその事項に介入してはなりません (12 条)。総会は，理事会を制約し，補足する存在ということです。

ここで留意していただきたいことは，全会一致の結果起こる，安保理の機能麻痺についてです。このような場合，加盟国の要請により，総会が紛争の解決に関する措置を採ります。

たとえば 1950 年の総会決議 377「**平和のための結集決議**」がそうです。朝鮮戦争の際，旧ソ連の拒否権行使により安保理の機能が麻痺しました。その結果この決議が総会により採決されました。

3．事務総局長

国連の事務総長も国連憲章 99 条に基づき，紛争の平和的解決に関する権限を有しています。

同条によると，事務総長は平和維持を脅かすとされる事項に関して，安保理の注意を促すことができると定められています。たとえば 1992 年 6 月 30 日に，ガリ事務総長は包括的な紛争解決のための枠組みに関する「**平和への課題**」と題されたリポートを作成しました。

また自身のイニシアティブによる行動以外にも，総会又は安保理から委託される任務に関して，事務総長は外交的任務を遂行できます (98 条)。たとえば総会の要請により 1993 年のアフガニスタン紛争，安保理の要請により 1994 年のルワンダ虐殺で，紛争の解決をめざし

て介入しました。

　また普遍的機構である国連以外にも，地域間の紛争の危機に対し，アフリカ連合，米州機構，そして欧州安保協力機構など，地域的機構が解決紛争に介入する場合もあります。

● 4 ●
国際裁判

　裁判手続では，紛争当事国の権利・義務について，第三者が拘束力のある決定を下します。仲裁裁判と司法的解決の2種類があります。

❖歴史的流れ

　国際裁判の起源は，前史に遡ります。

　しかし近代国際法にいう「国際裁判」制度が形成されたのは18世紀末のことです。米英独立戦争後の問題処理の一環として，1794年に締結された**ジェイ条約**が始まりです。アメリカ，イギリス両国に混合委員会を設置し，債務保証や国境紛争などの問題解決に臨みました。これは戦争に到る紛争を避ける為の手段として利用されました。

　19世紀に入り仲裁裁判の利用が増加しました。たとえばアメリカ南北戦争の際に起きた**アラバマ号事件**などがあります。通商条約の中にも仲裁条項が挿入されるようになりました。このように仲裁裁判は平和的紛争解決の手段として容認されるようになりました。

　はじめて「常設」仲裁裁判所の制度が設けられたのは，1899年の**ハーグ国際紛争平和的処理条約**でした。しかし「常設」とは名ばかりで，実際にはケースごとに当事者が裁判官を選定したので，本質的には以前の仲裁裁判所と同じでした。

　第1次大戦後に設立された国際連盟の規約では，加盟国に対して政治的紛争か法律的紛争かにより，理事会か国際裁判かの選択をすることを定めました。真の常設裁判所となる**常設国際司法裁判所**（**PCIJ**）の設置です。これは第2次大戦後に**国際司法裁判所**（**ICJ**）に受け継がれました。

1．仲裁裁判

仲裁裁判とは国際法を基準に紛争当事国が選定した裁判官により行われる紛争解決手段のことです（国際紛争平和的処理条約37条）。

仲裁裁判に紛争解決を付託する際，当事国は**仲裁契約**（コンプロミー）とよばれる合意文書を作ります。これをもって裁判官の選定方法や裁判手続きなど，必要な事柄を定めます。

仲裁裁判の判定基準は国際法はもちろんのこと，当事国の合意がある場合は「**衡平と善**」に基づいて裁判を行うこともできます。「衡平と善」とは実定法以外の紛争解決基準のことです。上記条約の37条は「法ノ尊重ヲ基礎トシ」と定め，実定国際法以外の法の適用も認めています。

このように仲裁裁判では，その事由に適切な解決法を見出すため，柔軟な制度が整えられています。ただし仲裁裁判によりなされた判決は，紛争当事国を拘束します。

仲裁裁判所の例としては、国連海洋法裁判所があります。

2．司法的解決

司法的解決は常設の裁判機関に紛争解決を付託する場合をいいます。独立主権国家を対象とする司法機関の創設という試みは長い間果たされませんでした。

初めての複数国家に係る司法機関ができたのはつい20世紀のことです。地域的なものとしては**中米司法裁判所**や**欧州司法裁判所**があります。1921年に普遍的性質をもった初めての司法機関としてPCIJが設立されました。その後国連の設立と共に，PCIJの権限はICJに移転しました。

<u>ICJに関して画期的な点は，国際司法裁判所規程が国連憲章と不可分一体の存在であるということです</u>（国連憲章92条，93条）。つまり190に上る国連加盟国は自動的にICJの当事国でもあるわけです。ですからICJは，国際社会の司法ガーディアンとして，重要な役割を果たすことができます。

国際司法裁判所 (ICJ)

オランダのハーグを拠点としています。15 人の常任裁判官により構成されています。これら裁判官は全員が異なる国籍を有しています (ICJ 規程 3 条 1 項)。**国籍裁判官**といいます。

また実際の裁判では国籍裁判官を有しない裁判当事国は, **特任裁判官**を指名することができます (31 条)。

1. 裁判官の選定方法

国籍裁判官は国連の安保理と総会の双方で行われる選挙により選定されます。絶対多数を得た者が選定されます (8 条, 10 条 3 項)。ただし選挙人は次のことに留意しなければなりません。

前述のとおり同一国から複数の裁判官を選出することはできません。また裁判所は全体として, 主たる文明の形態と世界の主要法系を代表するものでなくてはなりません (9 条)。

この原則は裁判官の数が世界の主要地域に以下のように配分されていることにも反映されています。アフリカから 3 名ラテンアメリカから 2 名アジアから 3 名, 西欧その他から 5 名そして東欧から 2 名です。

この配分は安保理の構成に対応しています。

2. 裁判の形式

原則として, 裁判官が全員出席する全員裁判廷です (25 条 1 項)。しかし数人の裁判官から構成される 3 つの裁判部も別に設けられています。**特定部類事件裁判部, 特別裁判部, 簡易手続部**です。

「特定部類事件裁判部」は, 労働事件, 通過及び運輸通信に関する事件など, 特定部類とされる事件を担当としています。「特別裁判部」は特定の事件を処理する為, 加盟国の要請により設置されます。1982 年の**メイン湾海域境界確定事件**の際に初めて設けられました。「簡易手続部」は事件を迅速に処理する為に手続を簡易化した裁判を行います。

3. 管轄権

ICJ に係属する事件の訴訟当事者となれるのは国家だけです。個人

や国際機関は当事者資格を認められていません (34条1項)。またICJ は国連加盟国諸国に開放されています (ICJ規則35条1項)。

しかしスイスなど国連加盟国ではなくても，裁判所規程の当事国である場合，当事者資格を有します。さらに非加盟国かつ規程の当事国でない国でも安保理の定める条件の下，当事者となることができます (憲章93条2項, ICJ規則35条2項)。

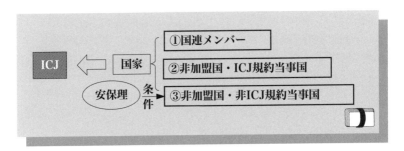

ただし国際裁判において，強制的管轄権は存在しません。たとえ紛争当事者がこれらの要件を満たしたとしても，その紛争解決が自動的に，ICJの管轄下に置かれるわけではありません。

<u>紛争当事国が，ICJに事件を付託するという紛争当事国の合意が必要です</u> (36条1項)。**ホルジョウ工場事件**でもこの当事者同意の原則は確認されました。国際紛争解決の基本原則です。

4. 合意の方式

まず，①紛争の発生後に合意を行う場合②事前にICJへの事件付託を約束しておく場合の2つに分けられます。

①は第1に当事国双方の**特別の合意**による場合があります。たとえば1986年のブルキナファソ・マリ国境紛争事件のような場合です。

第2に当事国の一方がICJへの事件付託を表明した後，もう一方がICJの管轄権を明示的・黙示的に認めた場合です。これを**応訴管轄権**といいます。1948年のコルフ海峡事件により確立されました。

②は第1に，条約の条項による場合があります。つまり二国間もしくは多数国間条約の中に当該条約の解釈あるいは適用に関する紛争が

生じた場合，締約国が裁判所の管轄権を受け入れることを予め約束する旨の条項を定めている場合です。これを**裁判条項**といいます（36条1項）。たとえば国際紛争平和的処理一般議定書があります。

　第2に一方的宣言による場合です。36条2項に明記されている事項に関連する法律的紛争に関して，同じ義務を受け入れている他の国家との関係において，裁判所の義務的管轄権を認める一方的宣言を行うことを選択できます。これを**選択条項**制度といいます。

　この宣言は期限付きであったり，あるいは，留保を含んでいたり一定の種類の紛争を除外していたりすることがあります。宣言は国連事務総長に寄託されます。宣言国は他の宣言国を相手取り，裁判所に訴訟を提起する権利をもっています。

合意の方式
①紛争の発生後に合意を行う場合
・特別の合意
・応訴管轄権
②事前に ICJ への事件付託を約束しておく場合
・裁判条項
・選択条項

5．裁判手続き

　手続きは付託同意書の提出，又は一方当事者の書面の提出により始まります（40条1項）。事実認定のための審査は書面手続そして口頭手続と続きます。

　①書面手続きは争われている問題の詳しい陳述を含む訴答書面を裁判所へ提出することからなります。一方の当事者が作成する訴答書面はいずれも，他方の当事国に送付されます。訴答書面には申述書，答弁書，抗弁書および再抗弁書があります（43条2項）。

　②口頭手続きは証人，鑑定人，代理人，補佐人及び弁護人の口頭の陳述を聴取します（43条5項）。弁論は公開です（46条）。ただし両当

事国が非公開とすることを要求している場合，又は裁判所が非公開を決定した場合はこの限りではありません。

6．先決的抗弁と仮保全措置

　裁判が開始する前に裁判所は当該事件の管轄権を有すること，そして当事国の請求が法的根拠に基づくことを確認しなければなりません（53条2項）。また裁判所に事件を付託後，当事国の一方が先決的抗弁を行うことがあります。

　先決的抗弁とは，当該裁判所が本案審理について判決を下す能力を争うことです。管轄権がないことを根拠とする場合，そして請求は受理不可能であるとする場合があります。

　前者は請求の根拠とした条約又は宣言の期限が終了している場合，紛争の発生時期が条約の効果が発生する以前であることなどを理由とします。後者は紛争が法律的性質を持っていない，もしくは国内救済が尽くされていないことなどを理由とします。

　先決的抗弁がなされた場合本案手続きは停止されます。裁判所が抗弁を認容すれば審理は打ち切られ，却下されれば審理は再開します。

　また裁判所が必要と判断した場合もしくは当事国からの請求があった場合に，裁判所は当事国の権利・利益の保護の為，暫定措置を指示することができます（41条）。これを仮保全措置といいます。

　1980年の在テヘラン米国大使館事件や1974年の核実験事件などで使われています。

7．判決

　判決は出席した裁判官の過半数で決定されます（55条）。原則として管轄権および事件の実体，賠償の要請，存在する判例の解釈の要請など，裁判所のもっとも重要な決定に限って下されます。

　そして下された判決は法的拘束力を有します（国連憲章94条1項）。ただし紛争当事国のみ，かつ当該事件に限り拘束力を持ちます（ICJ規程59条）。

　では当事国の一方が下された判決を遵守しない場合はどうなるのでしょうか？　その場合他方の当事国は安保理に訴えることができます。

安保理は判決執行のための勧告を出すもしくは必要な措置を決定することができます (国連憲章 94 条 2 項)。

8. 勧告的意見

● 勧告的意見手続制度を利用できる機関 ●

国連機関
- 総会
- 安全保障理事会
- 経済社会理事会
- 信託統治理事会
- 総会中間委員会

国連システムの専門機関
- 国際労働機関 (ILO)
- 国連食糧農業機関 (FAO)
- 国連教育科学文化機関 (UNESCO)
- 世界保健機関 (WHO)
- 国際復興開発銀行 (IBRD)
- 国際金融公社 (IFC)
- 国際開発協会 (IDA)
- 国際通貨基金 (IMF)
- 国際民間航空機関 (ICAO)
- 国際電気通信連合 (ITU)
- 世界気象機関 (WMO)
- 国際海事機関 (IMO)
- 世界知的所有権機関 (WIPO)
- 国際農業開発基金 (IFAD)
- 国連工業開発機関 (UNIDO)
- 国際原子力機関 (IAEA)

ICJ は訴訟事件に関してだけではなく，いかなる法律問題について
も勧告的意見を与えることができます（ICJ 規程 65 条）。これは上の
図の国連機関と国連ファミリーである 16 の専門機関のみが利用でき
ます。総会と安保理以外の国連機関は総会からの許可が必要です（国
連憲章 96 条）。

　また総会や安保理が「いかなる法律問題」についても意見を要請で
きるのに対して，その他の機関は「その活動の範囲内において生ずる
法律問題」に限られます。

　たとえば世界保健機構（WHO）が行った「**核兵器使用に関する意
見請求**」は，WHO の権限外であるとして要請は却下されました。し
かし一方で ICJ は，1950 年の平和条約解釈事件で原則としては意見
要請を却下すべきではないと表明しています。そして 1975 年の**西サ
ハラ事件**において ICJ は「**決定的理由**」がある場合のみ，要請を断
ることができるとしています。

● 6 ●
武力行使と安全保障

　前史から現在に到るまで人類は常に争いと共に生きてきました。科
学技術が発達し，原爆が生まれ，日本はもちろん，国際社会も二度と
忘れない戦争経験をしました。これらの経験を経て国際社会は世界平
和を創設するために国連を中心とした安全保障体制を作り上げました。

　ここでは武力行使の禁止と世界平和の実現のために，国際社会がど
のような措置を採っているのかを見ていきましょう。

❖歴史的流れ

　武力行使の規制が確立するのは人類が 2 つの世界大戦を経験した
20 世紀のことです。それ以前は武力行使は合法的な紛争解決手段で
した。そもそも武力行使の正当性が提唱されたのは，古代ローマのこ
とです。当時の戦争はキリスト教神学と結びつき正戦論は広く支持さ
れていました。

　この考えは中世の学者へと受け継がれます。グロティウス，ゲンチ
リス，ヴィトリアなどの国際法学者は「**正しい事由**」に基づく戦争は

正当化されるべきとする**正戦論**を提唱しました。つまり正義に適った戦争ですね。正戦論は正戦の条件として第1に正当な理由や権威など戦争を行う条件である**開戦法** (jus ad bellum) を，そして第2に，戦争が始まってから守られるべき事項として**交戦法** (jus in bello) を定めました。

　しかしこれらの正当性を審査する機関がなかったため，実際には各国の独断を追認すればよしとする**無差別戦争観**が定着しました。

　20世紀に入ると紛争の平和的解決をめざし，武力行使を禁止する条約が結ばれるようになりました。たとえば1907年のハーグ平和会議で採択された「債権回収のための兵力使用を禁止するポーター条約」があります。

　また1913年から1914年にアメリカを中心に結ばれた**ブライアン条約**は，紛争解決を調査委員会に付託することを義務づけ，審査報告がなされるまでの間，戦争行為を採ることを禁止しました。

　このように交戦権の行使に猶予を与える制度を**戦争モラトリアム**といいます。1919年の国際連盟規約はモラトリアム制度を導入すると共に，国交断絶のおそれのある紛争の平和的解決を義務づけました (13条4項，15条6項)。

しかし戦争は最終解決手段として存在し続けました。

第1次大戦を経て国際社会では戦争禁止の声が高まりました。

　1925年に欧州5か国間で**ロカルノ条約**が1928年に**パリ不戦条約**が締結されました。不戦条約にはアメリカを始め60カ国を超える国が加入しました。つまりこの条約は普遍的なものだったということです。しかしこの条約が禁止するのは「戦争」だけであり，戦争に到らない武力紛争は，その対象とはされませんでした。

　1945年に締結された**国連憲章**で「紛争の平和解決義務」の原則 (2条3項) を定めると共に「武力による威嚇又は武力の行使」を禁止しました (同条4項)。つまり戦争に到らない武力行使も禁止されたということです。不戦条約の失敗はこうしてクリアされました。

　1970年には国連総会が決議2625「友好関係原則宣言」を採択し憲章の掲げる武力不行使原則は拡張していきました。

> **国連憲章 2 条 4 項：すべての加盟国は，その国際関係において，武力による威嚇又は武力の行使をいかなる国の領土保全又は政治的独立に対するものも，また国際連合の目的と両立しない他のいかなる方法によるものも慎まなければならない。**

❖武力不行使原則の構造

　国連憲章 2 条 4 項は「国際連合の目的と両立しない」強制的解決方法を禁止しています。では目的の枠内ならば武力を行使してもよいのでしょうか？

　国連憲章は武力不行使原則に例外を設けています。自衛権の行使 (51 条)，第 7 章の強制措置，地域的取極め又は機関 (53 条)，旧敵国に関する武力行使 (53 条 1 項，107 条) などがあります。この中でも，特に自衛権を見ていきましょう。

1．自衛権

　自衛権とは国内法の「正当防衛」にあたります。つまり国家は自己を救済するためにやむを得ない場合，武力を含めて，必要な防衛措置を採ることができるということです。

　国連憲章第 51 条は，「武力攻撃が発生した場合」に「個別的又は集団的自衛権」を行使できると定めています。

　個別的自衛とは自国に対する攻撃を排除するための措置です。これは自然法上の自己保存権であり，国家固有の基本的権利です。これに対する**集団的自衛**とは，他国への攻撃を自国への攻撃と見なし，それを排除するために共同して採る防衛措置です。

2．自衛権行使の要件

　「武力攻撃の発生」した場合に自衛権を行使できます。では「武力攻撃」とは何でしょうか？　国連憲章はその定義を明確にしていないので，その判断は国際慣習に委ねられています。

　自衛権という概念が初めて確立されたのは 1837 から 1842 年の**カロ**

ライン事件でした。この事件で示された自衛権正当化の要件は 1986 年のニカラグア事件など，その後の判例でも援用されています。

①外部からの侵害が差し迫っており，攻撃を排除する方法が他にない場合，つまり「必要性」です。②必要な限度以上に防衛の為の反撃をしていないこと，つまり「均衡性」のある対抗措置であることです。

またニカラグア事件で ICJ は，集団的自衛権行使を正当化する要件として上記の 2 点に加えて次の要件を補足しました。③犠牲者が武力攻撃を受けたという宣言を出すこと④当該国が正式な援助要請をすることです。

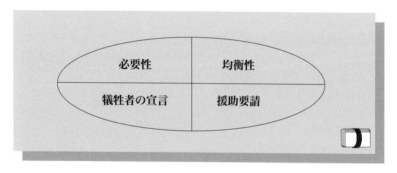

また反乱軍に対する武器支援などの**間接的な武力行使**は武力攻撃の発生とはみなされません。たとえば 1975 年のイスラエルによるレバノンのパレスチナ人キャンプに対する攻撃は「武力攻撃」とは見なされませんでした。

補足ですが総会は 1974 年に「侵略」の定義を定めた決議 3314 を採択しています。それによると「侵略とは，ある国家が，他国の主権・領土・政治的独立に対して武力を行使すること」とあります。ただし採られた措置の正当性に関して，最終的な審査を行うのは安保理です。ですからこの定義は絶対ではなく「武力攻撃」を解釈する際に考慮される要素として用いられるに止まります。

その他の要件として，**安全保障理事会への報告**があります（51条）。自衛権を行使した国家は安保理に採った措置を報告しなければなりません。これは憲章上の義務です。

❖人道的干渉

　国家は，他国の国内又は国外事項に干渉しないという国際的義務を負っています。しかしこの不干渉義務の例外として人道的干渉の場合があります。

　人道的干渉とは，ある国家又は地域において発生した重大な人権侵害および人道的危機を阻止する為の武力行使のことです。このような外部の軍事力をもって内政に介入するという措置の合法性に関しては，20世紀末の冷戦期に注目を集めました。

　そして1999年の**北大西洋条約機構（NATO）によるユーゴスラビア空爆**により，この問題は改めて脚光を浴びました。国連憲章違反か否か，大きな議論を呼びました。NATOは深刻な人道的危機があること，民主主義，人権，法の支配といった価値を擁護する必要性などを武力行使の正当化事由として挙げています。

　結局安保理においてはNATOの行為を違法とする決議は否決されました。しかしその行為が合法であるとも断言していません。ですから安保理からの明示的な授権のない人道的干渉行為の法的地位は，未だ不明確なままです。いずれにせよ国際法は人道的干渉を根拠とする武力行使や干渉を認めていません。

❖国連における集団安全保障制度

　集団安全保障とは，お互いに攻撃し合わないという前提に基づいた制度です。ですから防衛の手段といえます。

　2回に渡る世界大戦を経て，国際社会は集団安全保障制度構築の必要性を痛切に感じ始めました。そうして世界平和の構築を使命に掲げる国際連合が設立されたのです。国連憲章の第7章は平和を脅かす行為に対する一連の措置を定めています。

　国連機関の中で平和維持に関する一般的な権限を有しているのは安保理です（39条）。まず安保理は問題となっている事態を調査します（34条）。そして「平和に対する脅威」「平和の破壊」もしくは「侵略」かを判断し，**非軍事的措置**（41条）あるいは**軍事的措置**（42条）を採ることができます。

　これに対して総会は，補完的な役割しか与えられておらず，平和維

持に関して，その責任は最小限に抑えられています（12条，11条2項）。しかし安保理の機能が拒否権の発動により麻痺した場合は，総会が必要な措置を決定することができます。

　1950年の総会決議377「平和のための結集決議」によると，安保理は総会に対して差し迫った脅威の捜査を付託し，特別総会の開催を要請できると定めています。しかし一方で安保理常任国の中で全会一致が得られなかった場合，総会は自らの意思で当該紛争をその管轄下におくことができると定めています。

❖国連平和維持活動（PKO）の形成

　第2次大戦後の米ソ冷戦構造においては，紛争が起きても安保理メンバー間での協調が得られず，第7章に定める集団安全保障は十分に機能しませんでした。これに代わるものとして実際の慣行を通じてPKOは始まりました。ですからPKOに関する憲章上の明文規定はありません。第6章「紛争の平和的解決」と7章の間を採る措置として「憲章6章半」ともいわれます。

　PKOとは伝統的には安保理又は総会の決議に基づいて，停戦合意が成立した後に，停戦監視や緩衝地帯における兵力の引き離しなどを中心として，紛争の再発を防止することを主たる目的として行われてきました。また最近では紛争が国際紛争から国内紛争，国際・国内混合型紛争と多様化したことで，PKOの任務も拡大していきました。

　伝統的PKOである停戦監視以外にも，文民警官などの文民による選挙・人権監視，難民帰還支援，行政支援活動や復興開発も行われています。1948年から現在まで60のPKOが設立されています。

PKOの基本原則
①紛争当事国間で停戦合意があること
②紛争当事者および受け入れ国が国連の活動に同意していること
③中立性を保って活動していること
④武器使用は自衛の場合に限っていること

1．PKO の構成

　伝統的には，派遣国の指名する非武装の将軍からなる**軍事監視団**と，各国の提供する部隊を国連が統括する**平和維持隊（PKF）**による活動に分類できます。

軍事監視団：1948〜現在の国連休戦監視機構（UNTSO），
　1965〜1966 年の国連インド・パキスタン軍事監視団など。
平和維持隊：1974〜現在の国連兵力引き離し監視団（UNDOF），
　1978〜現在の国連レバノン暫定隊（UNIFIL）など。

　さらに 1999〜現在の国連シエラレオネ・ミッション（UNAMSIL）のように，これら双方の任務を負っている場合もあります。また前述のとおり 90 年以降，軍事分門以外にも行政・選挙・人権・難民帰還などの部門から構成される PKO も設立されました。

　たとえば 1991〜1992 年の国連カンボジア暫定機構（UNTAC）や 1999〜2002 年の国連東ティモール暫定行政機構（UNTAET）です。

　また PKO の効果を高めるために強制力を強化すべきという主張がされるようになりました。それを受けたガリ事務総長は「平和への課題」において**平和執行部隊**の設立を提唱しました。これは平和維持隊よりも重装備であり，停戦合意が遵守されなかった場合の介入を目的としていました。

　しかし平和執行部隊が介入したソマリアや旧ユーゴでは，多大な犠牲者を生みました。そうしてガリ事務総長は，後日発表した「平和への課題＝追補」では，現在の国連には平和実施行動を採る能力はないとして，この構想を撤回しています。

　ちなみに PKO の予算は国連加盟国の分担金により賄われています。また「多国籍軍」という言葉も耳にしますね。多国籍軍とは，国連の統括下にはない諸外国の共同軍隊です。ですからその財政措置も国連の予算から賄われているわけではありません。

2. 日本と PKO

日本は1992年に，国際協力参加に関する制度や手続きを定めた国際平和協力法，いわゆる PKO 法を制定しました。

この法律に基づき，日本は国連決議等により実施される国際連合平和維持活動，人道的な国際救援活動及び国際的な選挙監視活動に対する協力を行うことができます。また同法は以下のような PKO 参加に際して守られるべき5原則を定めています。

PKO 参加5原則
①停戦の合意があること
②受け入れ国が同意していること
③中立性を保つこと
④①〜③のいずれかが満たされなくなった場合，業務を一時中断し，さらに短期間のうちに事態が回復しない場合には，派遣を終了
⑤武器の使用は，防衛の為に必要最小限に限ること

憲法9条との抵触については5つ目の原則にあるように「武力行使」は禁じられています。このように日本は人的・物的双方の側面からの協力を行っていますから憲法違反とはなりません。1992年から現在に到るまで，日本は8つの PKO に要員を派遣しています。

●7●
武力紛争法

実力行使によって自己の要求を相手に受け入れさせるのが紛争の目的です。しかし紛争当事者はどんな手段を用いてもいいわけではありません。敵軍の構成員だからといって非人道的な待遇をしていいわけでもありません。国際社会は武力紛争が残した傷跡を目の当たりにする度に，遵守されるべきルールの構築を行ってきました。

「武力紛争法」は「戦争法」とも呼ばれます。ただし18世紀の正戦論，そして19世紀の無差別戦争観を経て，20世紀には戦争は違法化

されました。ですから現在では「武力紛争法」が一般的に使われています。国連憲章でも「戦争」という言葉は使われていません。

　武力紛争法は「国際人道法」と呼ばれることもあります。しかし一般に「人道法」の包括する範囲は狭く，傷病の兵士，捕虜，文民など戦争犠牲者の人道的取り扱いを定めた規則をさします。

❖武力紛争法とは

　交戦国間の敵対行為を規制するルールであり，**軍事的必要性**そして**人道的必要性**という２つの要素をその基盤としています。武力紛争法はハーグ法とジュネーヴ法というの２つの体系に分類することができます。

ハーグ法	陸戦の法規慣例に関するハーグ条約
	対人地雷禁止条約

ジュネーヴ法	第一ジュネーヴ条約：戦地にある軍隊の傷者及び病者の状態の改善（傷病者保護条約）
	第二ジュネーヴ条約：海上にある軍隊の傷者，病者及び難船者の状態の改善に関する条約（難船者保護条約）
	第三ジュネーヴ条約：捕虜の待遇に関する条約（捕虜条約）
	第四ジュネーヴ条約：戦時における文民の保護（文民条約）

	第二追加議定書　非国際武装紛争の犠牲
	第一追加議定書　国際的武装紛争の犠牲者保護

　ハーグ法とは軍事行動において交戦国の権利義務を確立し害敵行為を規制する「交戦法規」そして交戦国と第三国の関係を定めた「中立法」をその内容とします。具体的には 1899 年と 1907 年に採択された

陸戦の法規慣例に関するハーグ条約や 1997 年の**対人地雷禁止条約**などが挙げられます。

　一方のジュネーヴ法とは敵対行為を放棄した兵士，捕虜または文民を保護する為の法規をその内容としています。代表的なのは 1949 年の**ジュネーヴ四条約**，そして 1977 年の**第 1・第 2 追加議定書**です。

❖ 事項的適用範囲

　武力紛争法は伝統的に国際法主体間で起こる国際紛争への適用が予定されていました。たとえば革命や内乱の場合，当該反乱軍が交戦団体として承認された場合のみ武力紛争法が適用されます。

　しかし通常正統政府は反乱軍に承認を与えようとしません。ですからこのような場合，敵対行為に制限が課されずに紛争は残虐なものとなりがちでした。というわけで近代国際法においては武力紛争法の適用が非国際紛争にも拡大されるようになりました。

　ジュネーヴ四条約共通 3 条は締約国の領域で起きた国際的性質を有しない紛争の際に遵守されるべき，最低限のルールを定めています。この規制は第 2 追加条約により強化されました。

　ただし当該紛争は「責任ある指揮の下，継続的・一定的な軍事行動を行い，かつある地域に実効的な支配力を及ぼす反乱軍又は組織的武装集団と締約国の軍隊」との間に生じるものでなくてはいけません（第 2 議定書 1 条）。

　また「**民族浄化**」政策の下に生じる紛争の場合にも上記の規定が適用されます。「民族浄化」政策は，自己のアイデンティティーを主張するために，対立する民族集団を強制的に追放または殺害して排斥することを目的としています。

1975−1978年のポル・ポト政権下におけるベトナム系住民の追放・殺害、1994年にルワンダで起きたフツ族のツチ族殺害などがあります。

❖ 害敵行為に対する制限

　紛争において，交戦者は害敵行為の手段や方法を無制限に選ぶことはできません（ハーグ規則 22 条，第 1 議定書 35 条 1 項）。では具体的に，どのような手段や方法が禁止されているのかを見て行きましょう。国

際法上，次の一般原則が確立されています。

第1に**目標区別の原則**です（第1議定書48条）。つまり害敵行為の対象を選ぶ際の制限です。たとえば戦闘員と一般住民，軍事物と非軍事物などの区別をし，どちらの場合も後者を保護しなければなりません。

第2に**不必要な苦痛の防止原則**です（35条2項）。これは不必要に過度な苦痛を与える害敵手段・方法を禁止するものです。

第3に**均衡性の原則**です。これは「攻撃の軍事的必要性」と「攻撃により生ずる損害や犠牲」のバランスをとることです。過度な損害や犠牲を生ずるような敵対行為は禁止されています。

★兵器の使用禁止・制限

前述の原則を具体化するため，ある特定の兵器はその使用を制限又は禁止されています。その兵器は地雷やブービートラップなどの通常兵器と，大量無差別な殺傷や広範囲にわたる被害を及ぼすことができる大量破壊兵器に分類することができます。

(1)通常兵器

1868年に，通常兵器使用の制限・禁止に関する初めての法規制であるサンクトペテルブルグ宣言が締結されました。これは戦時における特定発射物の使用を禁止しています。

そして1980年には，地雷や焼夷兵器など過度に傷害を与え，無差別に人を殺傷する通常兵器を対象とした**特定通常兵器使用禁止制限条約**が採択されました。この条約には，検出不可能な破片兵器に関する第1議定書，地雷・ブービートラップ等に関する第2議定書，そして焼夷兵器に関する第3議定書が附属されています。

1995年には，失明をもたらすレーザー兵器に関する第4議定書も作成されています。また1997年には**対人地雷条約**が採択されました。

(2) 大量破壊兵器

大量破壊兵器には，**化学兵器**，**生物兵器**，**核兵器**の3種類があります。　生物・化学兵器は、単価が安い上に効果が高いため、「貧者の核兵器」と呼ばれます。

「化学兵器」は，毒ガスなどの毒性化学物質を使用します。化学兵器の威力が初めて世界に知れ渡ったのは第1次大戦のことでした。しかし死に至るまでに長時間にわたる呼吸困難を引き起こすなど，必要以上の苦痛を与えることが分かりました。そうして1925年，**ジュネーヴ毒ガス議定書**が締結されました。

また1960-1975年のベトナム戦争では，アメリカ軍が枯葉剤大量散布し，広範なダイオキシン汚染を引き起こしました。皆さんもベトナムの奇形児の話を聞いたことがあるのではないでしょうか？　そうして1993年に，**化学兵器条約**が締結されました。これにより化学兵器の使用は全面的に禁止されました（1条1項 (b)）。

一方の「生物兵器」は，天然痘などの細菌やウィルスを使用した兵器のことです。ジュネーヴ毒ガス議定書は，生物兵器の使用を禁止しています。また生物兵器を包括的に禁止する唯一の多国間条約として，1972年に**生物兵器禁止条約**が締結されました。これは生物兵器の開発，生産，貯蔵等を禁止するとともに，既に保有されている生物兵器を廃棄することを目的としています。

「核兵器」とは原子爆弾や水素爆弾など，核反応を利用して大量破壊を行う兵器の総称です。

1945年8月6日，人類初めての原子爆弾の実行として広島にリトル・ボーイが投下されました。その3日後，今度は長崎に原爆が投下されました。原爆の成功に喜んだのも束の間，その及ぼした被害の甚大さに国際社会は震撼することになります。

そうして第2次大戦後，核の均衡の上に成り立つ米ソ冷戦の開始です。現在核保有が確認されている国は国連安保理常任5大国，インド，パキスタン，北朝鮮です。残念ながら核兵器を包括的に規制する国際合意は未だ存在していません。

ただし核兵器の製造と保有と移譲については，1968年に**核不拡散条約**が採択されています。しかし5大国に関してはその製造・保有は

禁止されていません。

★攻撃対象に関する制限

　交戦国は無制限に攻撃対象を決定することができません。上記の目標区別の原則に従い，戦闘に関係していない人や物を攻撃することは禁止されています。伝統的に，陸戦では**防守都市**と**軍事目標**の2つの基準が使われていました。

　防守都市とは，敵国の攻撃に対し，軍が抵抗する地域を意味します。そしてそれ以外の地域を**無防守都市**といいます。防守都市に対しては，軍事・非軍事物の区別無しに攻撃をすることができます。

　一方軍事目標を除き，無防守都市を攻撃することは禁止されています（ハーグ規則25条）。海戦の場合も同様です。無防守地域に対する無差別砲撃は禁止されています（ハーグ海軍砲撃条約1条）。

　しかし近代戦では，航空技術の発達により大量破壊攻撃が可能になったため，一般住民への被害を防ぐことが難しくなりました。というわけで保護の強化を目指し，第1議定書は，防守されている地域全体を攻撃対象とする防衛都市の基準を規定せずに，軍事目標主義のみを規定しています。

　軍事目標主義とは，軍事目標に対してのみ，害敵行為を加えることを許す原則をいいます（第1議定書48条）。軍事目標とは，戦闘員と軍事物をいいます。

1．戦闘員

　交戦員資格を保持する者のことです。では一体誰が，交戦員資格を与えられているのでしょうか？　これは，武力紛争法の成立過程において重要な問題とされてきました。なぜならこの資格を持つ者のみ，人道法上の捕虜・傷病者の保護待遇を受けることができるからです。

　民兵や義勇兵など，正規兵以外が軍事行動に参加するようになり，これらの者の資格が問われるようになったのです。ハーグ条約は正規軍構成員以外にも，次の交戦員資格の定義を満たしている民兵や義勇兵を，戦闘員として認めています。

> **交戦員資格の構成要件 (ハーグ規則1条)**
> ①責任者がいること
> ②遠方からでも認識可能な固有の特殊徽章を有すること
> ③兵器を公然と携行していること
> ④戦争法規を遵守すること

　また**不占拠地域における群民蜂起**の場合は，③④の条件を満たせば交戦者として認められます (ハーグ規則2条)。群民蜂起とは，迫っている敵に対抗するために，その地域の民衆が武器を持ち，抵抗することをいいます。1949年のジュネーヴ条約では，占拠地域における群民蜂起の場合にも交戦者資格を与えました。

　さらに第2次世界大戦後，民族解放運動によりゲリラが増え第1議定書ではさらなる緩和が行われました。まず正規軍・不正規軍の区別を廃止しました。そして部下の行動に関して，当該紛争当事国に責任を負う指揮官の下にある，武装したすべての集団および部隊のメンバーを「交戦員」として定めています (43条1項)。

　ただしこれら「交戦員」はその地位を保証される為に，攻撃中またはその準備中，民間人と識別できるような措置を採る義務を負います。そして敵対行為の性質上それが無理な場合，武器を公然と携行しなければなりません (44条3項)。

2．軍事物

　「その性質，位置，用途又は使用が軍事活動に効果的に貢献する物」であり，かつ「その全面的又は部分的な破壊」が「明確な軍事的利益をもたらすもの」をいいます (第1議定書52条2項)。

　対して非軍事物として保護される物は，文化財・礼拝所 (53条)，農業地域，飲料水の施設のような住民の生存に不可欠な物 (54条)，そしてダム，堤防および原子力施設など危険な威力を内蔵する工作物または施設 (56条) です。

　さらに自然環境に対して長期的かつ深刻な損害を与えることを目的

とする戦闘手段の使用も禁止されています (55条)。

❖攻撃手段の形態に対する制限

背信行為に訴えて敵を殺傷し，または捕らえることは禁止されています (第1議定書37条1項)。「背信行為」とは，敵の信頼を裏切る意図をもって，人道法の定める保護を受ける権利を有するもしくは保護を与える義務があると，敵が信じるように敵を誘う行為をいいます。

たとえば降伏旗を掲げて交渉の意図を装ったり，負傷や疾病により無能力を装ったりすることなどです (同条同項)。国際法に基づく保護に対する信頼を損なうことになるため禁止されています。

他方，**奇計**は禁止されていません。「奇計」とは，敵を誘導しまたは無謀に行動させることを意図した行為のことです。

そして武力紛争の際に適用される国際法の規則を侵害せず，かつ国際法に基づく保護に関して敵の信頼を誘うものでないために，背信的でない行為をいいます (同条2項)。たとえばカムフラージュ，おとり，虚偽の情報の使用などです。

❖戦争犠牲者の待遇

1. 捕虜

交戦者資格を有する者が，交戦相手国によって捕縛され管理下におかれた場合，その者は捕虜となります。また非戦闘員で，軍隊に随伴する者も捕虜となる場合があります。たとえば需品供給者，従軍記者，軍隊の福利機関の構成員などです (ジュネーヴ第3条約4条A (4))。

捕虜は，常に人道的な待遇を受ける権利があります。特に捕虜の生命を脅かす行為や医学実験，暴行，恥辱を与える行為は禁じられています (13条)。

2. 傷者・病者

戦争犠牲者保護に関する成文化は，戦時下の傷者・病者の保護を定める1864年の戦場における**軍隊中の負傷軍人の状態改善に関するジュネーヴ条約**から始まりました。　赤十字条約とも呼ばれます。

この条約は，国際赤十字委員会 (Comite International de la Croi×Rouge, CICR) の設立翌年に成立しました。

国際赤十字委員会：1863年に武力紛争時に犠牲者を保護するため，アンリ・デュナンの提唱により設立。中立的な立場で活動することを認められている国際的な機関であり，戦時救護を目的としている。国際人道法の保護者・推進者といわれている。特に1977年の追加議定書の成立段階において，条約草案を作成するなど重要な役割を果たした。

1949年のジュネーヴ条約では陸戦か海戦かを問わず，傷病の交戦員を差別無しに人道的に待遇し看護をしなくてはならないと定めています。ですからこれらの者を暴力，皆殺し，拷問，生物学的実験の対象とすることは禁止されています (第1，第2条約の各12条)。

海戦の場合はさらに**難船者**の保護も義務付けています。「難船」とは，いかなる原因による難船でも構いません。海上に不時着した航空機も同様です。傷病者は敵の権力内に陥った場合に捕虜の待遇を受けます (第1条約14条)。他方当該敵国は，生年月日や姓名など死者および傷病者の識別に役立つ情報を記録しておかなければなりません (16条)。

さらに第1議定書では，交戦者と文民の区別をしていません。「外傷，疾病その他の身体的または精神的な障害もしくは無能力により医療援助・看護が必要なすべての者」は人道的な待遇を受けると定められています (第1議定書8条 (a)，10条)。

3．文民

従来の戦争では兵士と文民の犠牲者比率が10対1だったのに対して，第2次大戦ではその数が同等になりました。この状況を鑑みた結果，1949年にジュネーヴ第四文民条約で初めて文民の保護規定が成文化されました。そうして1977年の追加議定書により，この保護規

定はより強化されています。第1議定書は「文民」とは，交戦資格を持たないすべての者を意味すると定めています（50条）。つまり「文民」というコンセプトが，紛争当事国地域か占領地域の敵国民かを問わず自国民，中立国民，そして交戦国国民にまで拡大されているのです。

　さらに文民保護は無国籍者や難民にも適用されます（73条）。これらの点が，紛争当事国地域の住民のみを対象としている49年の文民条約とは異なっています。たとえばこれら文民たる一般住民は**一般的保護**を保障されています（51条1項）。文民を害敵行為の対象としないこと（51条2項）により，「一般保護」概念の具体化が図られています。この軍・民区別の原則は，先ほどの軍事目標主義で見て頂きましたね。

　なお文民条約の対象となる文民は**特別の保護**を享有しています。たとえば身体，名誉，家族として有する権利，宗教および信仰上の習慣を尊重される権利を有し，常に人道的な待遇を受ける権利があります。

また女性や子供は，猥褻な行為から守られるために特別な保護を受けることができます（文民条約27条）。

❖武力紛争法の履行確保

　紛争という命がけで勝ち負けを争う特殊な状況の中で，武力紛争法規の誠実な履行を確保することは簡単ではありません。ですからこれら法規の履行を強制する為の手段として**戦時復仇，利益保護国制度**そして**戦争犯罪の処罰**があります。

1．戦時復仇

　「戦時復仇」は通常，違法行為とされています。しかし加害国が行った国際違法行為の結果採られた措置である場合は合法とされます。

　つまり自己救済措置というわけです。「目には目を，歯には歯を」ですね。例えばソ連が核ミサイルを米国に向けて打ち上げるとします。その場合，米国も核ミサイルを用いて攻撃を行うことが合法となります。しかしこの場合，地球自体が消滅してしまいますから両国はこの手段を通常は使用しません。

戦時復仇の要件は，第1に復仇以外に救済措置が存在しないこと，第2に当該違法行為に対して為された復仇が均衡したものであることです（1928年ポルトガル・ドイツ混合仲裁裁判所ナリウラ事件）。以上のような制限を課して，悪用を防ぐわけです。また人道法上保護の対象となっている傷病者，捕虜，文民を復仇の対象とすることは禁止されています（ジュネーヴ第1条約46条，第2条約47条，第3条約13条，第4条約33条，第1議定書20条，51—56条）。

2．利益保護国制度

「利益保護国」とは，紛争当事国の利益保護を任務とする国のことです。ただし紛争当事国自身または中立国以外でなくてはなりません（第1議定書2条 (c)）。このように<u>紛争当事国以外の国の協力または監視により，武力紛争法規の履行を確保する制度を「利益保護国制度」といいます</u>（ジュネーヴ条約第1，二，三条約8条，第四条約9条）。この発想は1929年の捕虜条約で初めて採用されました。

この制度の欠点は，利益保護国が紛争当事国の合意に基づいて決定されることです（第1議定書2条 (c)）。ですからもし紛争当事国間の合意が得られない場合，利益保護国は存在しません。そのような場合，CICRまたはその他の人道団体が利益保護国の役割を代行します（同議定書5条）。

またジュネーヴ条約の定めた利益保護制度を強化する為に，第1追加議定書では**国際事実調査委員会**が設置されました（90条）。同委員会は，ジュネーヴ諸条約と同議定書の違反についての事実調査と周旋を任務としています。 200ページ参照。ただし、この周旋は仲介に相当するものです。

3．戦争犯罪の処罰

戦争犯罪とは，伝統的にハーグ陸戦条約などの定める交戦法規の違反行為のみを対象としていました。それが第2次大戦以降「国際法上の犯罪」の概念は，**平和に対する罪・人道に対する罪**にも拡大されました。

1945年の**ロンドン憲章**によると「平和に対する罪」とは，侵略戦争または国際法規に違反する戦争の「計画・準備・開始および遂行，

もしくはこれらの行為を達成するための共同の計画や謀議に参画した行為」のことを意味します（6条）。

他方「人道に対する罪」とは，国家もしくは集団によってすべての一般住民に対してなされた「殺人，殲滅，奴隷化，強制移住及びその他の非人道的行為，もしくは政治的・人道的又は宗教的理由に基づく迫害」であると定義されています。

これらを根拠に有罪判決が初めて下されたのは，東京とニュルンベルクの**国際軍事裁判所裁判**でした。人道に対する罪の一つであるジェノサイド，つまり計画的大量虐殺に関しては1948年に**ジェノサイド条約**が締結されています。

ではこれら国際犯罪の責任を実際に負うのは誰でしょうか？　伝統的戦争犯罪，平和に対する罪，人道に対する罪のどれも，<u>個人が処罰の対象となります</u>（ロンドン憲章7条，極東軍事裁判所条例6条）。

ただ問題となるのは，上官の命令を実行した部下の責任です。国際法上，上官命令を根拠に個人の責任を免れることはできません。一方部下が執った違法行為に対して，上官はその責任を追及されるのでしょうか？

第1議定書によると，上官が部下の違法行為を知っていた，または知りえた場合，もし知っていたならそれを防止する為の措置を最大限にしなかった場合に，責任を問われると明記しています（86条2項）。

❖国際裁判による処罰

国際違反行為が行われ国内措置では公正かつ厳重な処罰が期待できない場合，国際的手続きによる裁判が行われます。たとえば1993年の旧ユーゴ国際刑事裁判所そして1994年のルワンダ国際刑事裁判所が挙げられます。これらは，それぞれ国連安保理の決議に基づいて設置されました（決議827，決議955）。双方とも特定の地域で特定の期間に行われた特定の国際犯罪行為を裁く，アドホックな裁判所です。

ルワンダ国際裁判所の場合，1994年1月1日から同年12月31日までに，ルワンダ領域・その近隣で行われたジェノサイドおよび国際人道法に対する重要な違反の責任者に対して，管轄権を有します。

また1998年に**ローマ規程**が採択され，人類初めての**国際刑事裁判**

所がオランダのハーグに設立されました。国内刑事裁判所を補完することをその任務としています (1条)。また当該裁判所は，ジェノサイド，人道に対する罪，戦争犯罪，そして侵略の罪という重大な国際犯罪のみに限定された管轄権を有します (ローマ規程5-8，121，123条)。

　ただし侵略の罪に限っては，犯罪の定義が未だ確立しておらず，現在は犯罪の対象とされていません。

［用語チェック］

①交渉
②周旋
③仲介
④審査
⑤調停
⑥国際機構の介入
⑦「平和への課題」

⑧ハーグ国際紛争平和
的処理条約
⑨国際司法裁判所
⑩常設国際司法裁判所

⑪仲裁契約（コンプロ
ミー）
⑫国籍裁判官
⑬特任裁判官

⑭当事者同意の原則

⑮先決的抗弁

⑯仮保全措置

⑰勧告的意見

⑱正戦論

□　平和的解決の手段のひとつである非裁判手続
きには，〔①〕・〔②〕・〔③〕・〔④〕・〔⑤〕・〔⑥〕
があります。

□　国連の事務総局長は，安保理・総会と共に紛
争の平和的解決に関する権限を有しています。
たとえばガリ事務総長は 1992 年に〔⑦〕を作
成しました。

□　常設仲裁裁判所制度の概念が初めて登場した
のは，1899 年の〔⑧〕でした。しかし厳密に
定義した場合，後に〔⑨〕に受け継がれる〔⑩〕
により，常設仲裁裁判所の制度は完成したとい
えます。

□　仲裁裁判所に紛争解決を付託する際，当事国
は〔⑪〕とよばれる合意文書を作成し，裁判手
続き上必要な事柄を定めます。

□　ICJ は，15 人の〔⑫〕から構成されていま
す。また〔⑫〕を有しない裁判当事国は，〔⑬〕
を指名することができます。

□　〔⑭〕は，ICJ に紛争解決を付託する場合の
基本原則です。

□　紛争付託後，一方の紛争当事国により当該裁
判所に管轄権があるかどうかを争う，〔⑮〕が
行われることがあります。

□　当事国の権利・利益の保護の為に必要な場合，
裁判所は〔⑯〕を採ることができます。

□　ICJ は訴訟事件に関してだけではなく，いか
なる法律問題についても〔⑰〕を与えることが
できます。

□　グロティウス，ゲンチリス，ヴィトリアといっ
た国際法学者は，〔⑱〕を提唱しました。これ

は第1に〔⑲〕，第2に〔⑳〕を定めています。

□　20世紀に入ると武力行使禁止の声が高まり，第1次大戦後の1925年，欧州5か国間で〔㉑〕が，1928年には〔㉒〕が締結されました。そうして第2次大戦後の1945年，〔㉓〕の2条4項により武力行使を禁止する体制が確立されました。

□　武力不行使原則の例外として〔㉔〕・〔㉕〕，地域的取極め又は機関・旧敵国に関する武力行使があります。

□　自衛権の構成要素は〔㉖〕・〔㉗〕です。ただし集団的な自衛行為を行う場合，〔㉘〕・〔㉙〕も満たされなければなりません。

□　PKOは伝統的に〔㉚〕と〔㉛〕という活動形態に分類できます。

□　武力紛争法は，〔㉜〕と〔㉝〕という2つの法体系に分類することができます。

□　1899年と1907年に採択された陸戦の法規慣例に関するハーグ条約や，1997年の〔㉞〕などをハーグ法と総称し，1949年の〔㉟〕，そして1977年の〔㊱〕をジュネーヴ法と総称します。

□　害敵行為を選ぶ際に，紛争当事者は〔㊲〕・〔㊳〕・均衡性の原則という3つの原則を遵守しなければなりません。

□　化学兵器を制限するものとして1993年に〔㊴〕が，生物兵器に対しては1972年には〔㊵〕が締結されています。また核兵器の製造と保有と移譲に関して，1968年に〔㊶〕が採択されています。

□　攻撃対象を定める際，伝統的に陸戦では防守都市と〔㊷〕という2つの基準が使われていました。

□　戦闘員とは〔㊸〕を保持する者のことです。

⑲開戦論
⑳交戦論
㉑ロカルノ条約
㉒パリ不戦条約
㉓国際連合憲章

㉔自衛権の行使
㉕国連憲章第7章の強制措置
㉖必要性
㉗均衡性
㉘犠牲者の宣言
㉙援助要請
㉚軍事監視団
㉛平和維持隊
㉜ハーグ法
㉝ジュネーヴ法
㉞対人地雷禁止条約
㉟ジュネーヴ四条約
㊱第1・第2追加議定書
㊲目標区別の原則
㊳不必要な苦痛の防止原則

㊴化学兵器条約
㊵生物兵器禁止条約
㊶核不拡散条約

㊷軍事目標

㊸交戦員資格

㊹文民

対してこれを持たないすべての者を〔㊹〕とい. います。

㊺国際赤十字委員会

□　戦時救護を目的に，1863年に〔㊺〕が設立. されました。人道法の保護者・推進者といわれ. ています。

㊻利益保護国制度
㊼戦争犯罪の処罰

□　武力紛争法の履行確保の手段として戦時復仇，. 〔㊻〕又は〔㊼〕があります。

㊽㊾平和，人道
㊿戦争犯罪

□　〔㊽〕に対する罪・〔㊾〕に対する罪・〔㊿〕. が現在国際犯罪として確立されています。

〔○×チェック〕

1.　自衛または国連の. 強制行動の場合は武力. の行使ができます。⇨. P.182×

□1.　国際連合憲章2条3項そして33条に基づき，. 現在如何なる場合にも，武力行使は禁止され. ています。

2.　審査です。⇨P.185. ×

□2.　紛争当事国間の事実認識のズレを修復する. 為に設けられた制度のことを調停といいます。

3.　ICJ設立文書と国. 連憲章は不可分一体で. す。⇨P.191○

□3.　国連加盟国なら誰でもICJに紛争解決を付. 託できます。

□4.　裁判所の義務的管轄権を認めている，他の. 紛争当事国家との関係において，もう一方の. 当事国は，裁判所に管轄権を認める宣言を一. 方的に行うことができます。

4.　⇨P.192○

5.　⇨P.193○

□5.　ICJにより下された判決内容を，紛争当事. 国の一方が遵守しない場合，他方はそのこと. を国連安保理に訴えることができます。

6.　決定的理由がある. 場合は却下できます。. ⇨P.195×

□6.　国連機関又は国連ファミリーである16の専. 門機関から勧告的意見を求められた場合，ICJ. はその要請を却下することはできません。

7.　安保理からの明示. 的授権はなされません. でした。⇨P.199×

□7.　1999年のコソボ紛争に対する北大西洋条約. 機構（NATO）介入は，人道的干渉としてそ. の合法性を認められました。

8.　たとえばジュネー. ヴ四条約共通3条です。

□8.　武力紛争法は国際紛争に適用される法でし. たが，現在は民族浄化など非国際紛争にも適

用されています。 ⇨P.204○

□9. 戦争ですから，浄水工場や水田地帯など，どんな物でも攻撃対象にできます。

9. 住民の生存に不可欠な物を攻撃対象とすることは禁止されています。⇨P.208×

□10. カモフラージュやおとりを用いて敵を攻撃することは禁止されています。

10. 「奇計」は合法です。⇨P.209×

□11. 紛争地域内の非戦闘員は，無国籍者か難民かにかかわらず，誰でも平等に文民としての待遇を保障されています。

11. ⇨P.211○

□12. ある国から攻撃を仕掛けられた場合，当該被害国には仕返しをする権利が自動的に発生します。

12. 復仇以外に救済措置が存在しない場合に限ります。⇨P.212×

□13. 武力紛争法に対する違反行為が在った場合，個人も責任を追及されます。

13. ⇨P.213○

□14. たとえ上官の命令によるものだったとしても，部下は実行された違反行為の責任を負わなくてはなりません。

14. ⇨P.213○

□15. 大勢いる部下の一挙一足を見張ることは不可能ですから，上官は部下の犯した違反行為の責任を追及されることはありません。

15. ⇨P.213×

□16. 国連総会は，武力紛争法違反を裁くための国際司法裁判所を旧ユーゴとルワンダにそれぞれ設立する決議を採択しました。

16. 国連安保理です。⇨P.213×

尾崎哲夫 (Ozaki Tetsuo)

1953 年大阪生まれ。1976 年早稲田大学法学部卒業。2000 年早稲田大学大学院アジア太平洋研究科国際関係専攻修了。2008 年米国ルイス・アンド・クラーク法科大学院留学。

松下電送機器㈱勤務、関西外国語大学短期大学部教授、近畿大学教授を経て、現在研究・執筆中。

主な著書に、「ビジネスマンの基礎英語」(日経文庫)「海外個人旅行のススメ」「海外個人旅行のヒケツ」(朝日新聞社)「大人のための英語勉強法」(PHP 文庫)「私の英単語帳を公開します!」(幻冬舎)「コンパクト法律用語辞典」「法律英語用語辞典」「条文ガイド六法　会社法」「法律英語入門」「アメリカの法律と歴史」「アメリカ市民の法律入門 (翻訳)」「はじめての民法総則」「はじめての会社法」「はじめての知的財産法」「はじめての行政法」「はじめての労働法」「国際商取引法入門」(自由国民社) 他多数がある。

[BLOG] http://tetsuoozaki.blogspot.com/
[E-MAIL] ted.ozaki@gmail.com
[Web] http://www.ozaki.to

About the Author

Ozaki Tetsuo, born in Japan in 1953, was a professor at Kinki University.

Graduating from Waseda University at Law Department in April 1976, he was hired as an office worker at Matsushitadenso (Panasonic group). He graduated from graduate school of Asia-Pacific Studies at Waseda University in 2000. He studied abroad at Lewis & Clark Law school in the United States in 2008. Prior to becoming a professor at Kinki University he was a professor at Kansaigaikokugo college (from April 2001 to September 2004).

He has been publishing over two hundred books including,

A Dictionary of English Legal Terminology, Tokyo : Jiyukokuminsha, 2003

The Law and History of America, Tokyo : Jiyukokuminsha, 2004

An introduction to legal English, Tokyo : Jiyukokuminsha, 2003

English Study Method for Adults, Tokyo : PHP, 2001

The Dictionary to learn Legal Terminology, Tokyo : Jiyukokuminsha, 2002

The first step of Legal seminar series (over 20 books series), Tokyo : Jiyukokuminsha, 1997〜

The Fundamental English for business person, Tokyo : Nihonkeizaishinbunsha (Nikkei), 1994

The Recommendation of Individual Foreign Travel, Tokyo : Asahishinbunsha, 1999

The Key to Individual Foreign Travel, Tokyo : Asahishinbunsha, 2000

Master in TOEIC test, Tokyo : PHP, 2001

Basic English half an hour a day, Tokyo : Kadokawashoten, 2002

I show you my studying notebook of English words, Tokyo : Gentosha, 2004

American Legal Cinema and English, Tokyo : Jiyukokuminsha, 2005, and other lots of books.
He has also translated the following book.
Feinman, Jay, *LAW 101 Everything you need to know about the American Legal System*, England : Oxford University Press, 2000
＊These book titles translated in English. The original titles are published in Japanese language.

［3日でわかる法律入門］

はじめての国際法

2007 年10月13日　初版発行
2020 年10月 3 日　第 4 版第 1 刷発行

著　者──尾崎哲夫
発行者──伊藤　滋
印刷所──横山印刷株式会社
製本所──新風製本株式会社
発行所──株式会社自由国民社

〒171-0033 東京都豊島区高田 3 ─10─11
TEL 03 (6233) 0781 (代)　振替 00100-6-189009
https://www.jiyu.co.jp/

新しい時代の法律入門
【尾崎哲夫の本】

特色

① 平易な解説で初めて学ぶ人にも読みやすい
② 豊富な文例により「生きた法律知識」が身につく
③ タイムリーな知識も幅広く収録した充実の内容
④ 基礎から応用まで，幅広いニーズに対応

本書とあわせて学習に・実務にご利用ください。
これからの必須知識を学ぶシリーズです。

はじめての**民法**――――――――本体 1800 円＋税

法律英語用語辞典――――――――本体 4500 円＋税

はじめての**六法**――――――――本体 2000 円＋税

はじめての**知的財産法**――――――本体 1400 円＋税

はじめての**会社法**――――――――本体 1300 円＋税

はじめての**破産法**――――――――本体 1400 円＋税

（定価は 2020 年 9 月現在のものです）